Research on Sino-African Education

中非教育研究

◎ 王玉雯　韩超　著

北京理工大学出版社
BEIJING INSTITUTE OF TECHNOLOGY PRESS

版权专有　侵权必究

图书在版编目（CIP）数据

中非教育研究 = Research on Sino - African Education：英、汉 / 王玉雯，韩超著. —北京：北京理工大学出版社，2020.5
　ISBN 978 - 7 - 5682 - 8494 - 3

Ⅰ.①中… Ⅱ.①王… ②韩… Ⅲ.①教育 - 国际交流 - 研究 - 中国、非洲 - 英、汉 Ⅳ.①G523.3

中国版本图书馆 CIP 数据核字（2020）第 089973 号

出版发行 /	北京理工大学出版社有限责任公司
社　　址 /	北京市海淀区中关村南大街 5 号
邮　　编 /	100081
电　　话 /	（010）68914775（总编室）
	（010）82562903（教材售后服务热线）
	（010）68948351（其他图书服务热线）
网　　址 /	http：//www.bitpress.com.cn
经　　销 /	全国各地新华书店
印　　刷 /	三河市华骏印务包装有限公司
开　　本 /	710 毫米 × 1000 毫米　1/16
印　　张 /	9.75
字　　数 /	101 千字
版　　次 /	2020 年 5 月第 1 版　2020 年 5 月第 1 次印刷
定　　价 /	39.00 元

责任编辑 / 梁铜华
文案编辑 / 梁铜华
责任校对 / 周瑞红
责任印制 / 李志强

图书出现印装质量问题，请拨打售后服务热线，本社负责调换

前　言

我们 2017 年申报了北京理工大学研究生院研究课题——"外国学生汉语习得偏误研究及其语料库建设"，同年 10 月组织召开中非教育研讨会，会议期间我们商议撰写《中非教育研究》专著，我们希望现在所奉上的专著能为我国的中非教育研究提供参考。

《中非教育研究》以近两年的中非教育实证研究为主，由上篇与下篇构成。上篇侧重于孔子学院及跨文化研究，主要研究尼日利亚拉各斯大学孔子学院在中尼关系中的作用、刚果（布）孔子学院马利安·恩古瓦比大学孔子学院汉语教材使用情况的调查研究及南非的语言教学模式、尼日利亚汉教志愿者跨文化适应情况的调查研究。下篇主要围绕北京理工大学以及尼日利亚拉各斯大学孔子学院汉语教学与人才培养过程中遇到的实际问题开展研究，其中，前两篇文章分别探讨了北理汉语国际教育专业硕士学术写作中存在的问题与对策以及理工类来华留学生汉语补习的教学实践问题，后两篇文章均以尼日利亚为例，从赴非汉语教学志愿者的视角，在非洲教学实践基础上进行了有针对性的国别化实证研究。

上篇主要内容如下：

第一节主要介绍了拉各斯大学孔子学院在促进中尼友好关系中发挥的巨大作用，阐述了中尼两国在语言、文化、经贸、科技等方面的交流合作，论证了孔子学院在中非合作共赢中极其重要的战略意义。

第二节追溯了南非族群分化式语言教育模式的缘起和发展轨迹，指出"语言工具观"对南非语言格局产生的深远影响，展示了汉语教育在南非的火热发展态势及所取得的丰硕成果。

第三节报告了刚果（布）马利安·恩古瓦比大学孔子学院汉语教材使用情况的研究，该研究采用问卷调查和访谈等方式考察了该所孔子学院师生对于所使用的汉语教材的满意度情况，该研究结果显示大多数学习者希望通过汉语水平考试（HSK）获得到中国求学深造的机会，同时他们对于海外汉语教材的本土化抱有更多期待。

第四节描述了尼日利亚汉教志愿者跨文化适应的问题与对策。研究依据 Louis 惊奇和理性寻求模式，采用了问卷调查和访谈的方法，从工作、生活和心理三个维度分析了汉教志愿者在尼日利亚的跨文化适应情况。研究结果表明，赴尼日利亚的汉教志愿者跨文化适应整体良好，但他们在生活和工作中遇到了一些困扰，作者因此提出了相应的对策。这些对赴尼日利亚汉教志愿者具有一定的参考价值。

第五节以"跨文化三空间"理论为依据，研究了汉语作为第二语言学习者和国际汉语教师跨文化交流能力的提升作用，研究表明国际汉语教师跨文化交流能力非常重要。该研究发现具有重要的启示和指导意义。

下篇主要内容如下：

第一节总结分析了 37 篇汉语国际教育专业硕士学位论文，从总体质量和分项质量两个维度对专业硕士学位论文质量进行了评估，指出并归纳了汉教专业硕士学位论文的写作问题，提出了提高论文写作质量的对策和建议。

第二节分析了对理工类专业来华留学生进行汉语补习的必要

性，探讨了针对理工类汉语补习生的特殊性、汉语补习的三个阶段以及影响教学效果的因素等方面问题，并结合自身教学实践提出了提升这一群体汉语补习效果的教学对策。

第三节针对尼日利亚零起点汉语学习者在后鼻尾韵母发音习得中出现的问题，设计听辨和口语测试并进行数据分析，找出这一语音习得的国别化特征，从而对在尼日利亚开展汉语相关语音教学提供参考。

第四节汇报了作者在尼日利亚汉语教学的实践研究，研究运用了汉英语言对比法的教学原理，在对尼日利亚汉语学习者的成语习得情况进行调查分析的基础上，在尼日利亚两所孔子学院进行了汉语成语教学实验，分析了该方法在对外汉语成语教学中的可取之处。

本书是一项集体成果，上篇第一节由尼日利亚拉各斯大学孔子学院外方院长 Chimdi Maduagwu 教授执笔，第二节由大连民族大学外国语学院李丹老师执笔，第三节和第四节作者分别为北京理工大学外国语学院汉语国际教育专业 2017 级硕士生夏渔（Mabiala Roland Naguydem）和陈天予，第五节由北京外国语大学 2018 级新闻传播学专业博士研究生王纪澎执笔。下篇第一节由北京理工大学外国语学院汉语国际教育专业王玉雯教授执笔，第二节由北京理工大学留学生中心史慧超老师执笔，第三节和第四节分别由北京理工大学外国语学院汉语国际教育专业 2015 级彭帮艳和尹金凤执笔。上、下篇绪言的撰写及书中论文内容的编辑、校对由北京理工大学外国语学院韩超老师负责。

由于我们水平有限，调查研究的结果可能存在某些不足，恳请同行专家批评指正。

王玉雯　韩　超
2019 年 8 月 16 日北京

目 录

上篇 非洲孔子学院及跨文化研究

THE CONFUCIUS INSTITUTE AT THE UNIVERSITY OF LAGOS: SINO NIGERIAN RELATIONSHIP BEYOND THE UNIVERSITY …………………………… 4
1. INTRODUCTION …………………………………………… 4
2. SINO-AFRICAN RELATIONSHIP ……………………… 7
   2.1 Nigeria-China Relationship: General Overview ……… 9
   2.2 Beginning of the Relationship ……………………… 9
3. ADVANCING THE RELATIONSHIP: OTHER INDICATORS ……………………………………………… 12
4. SHARED INTEREST AND SHARED DESTINY (SI SD) ……………………………………………………… 19
5. CONCLUSION ……………………………………………… 20

第二节 南非族群分化式语言教育模式探析……………………… 22
1. 南非语言教育政策演变史 ……………………………… 23
   1.1 英语和荷兰语对峙期 ……………………………… 23
   1.2 语言天平失衡期 …………………………………… 25
   1.3 本土语言功能恢复期 ……………………………… 26
2. 南非语言教育的本质 …………………………………… 29

  3. 汉语在南非 …………………………………………… 32
  4. 结论 ………………………………………………… 35

第三节 刚果（布）马利安·恩古瓦比大学孔子学院汉语
    教材使用情况调查 ………………………………… 38
  1. 引言 ………………………………………………… 38
  2. 教材评估和实用性相关研究 ……………………… 39
  3. 恩大孔院《轻松学中文》教材使用情况调查 …… 41
    3.1 问卷调查对象介绍 ………………………… 42
    3.2 《轻松学中文》教材使用情况调查 ……… 44
    3.3 调查结果分析 ……………………………… 51
  4. 对教材的意见和使用建议 ………………………… 53

第四节 尼日利亚汉教志愿者跨文化适应问题及对策的
    研究 ………………………………………………… 56
  1. 引言 ………………………………………………… 56
  2. 理论依据 …………………………………………… 57
  3. 研究方法 …………………………………………… 58
  4. 研究发现与讨论 …………………………………… 59
  5. 结语 ………………………………………………… 68

第五节 "跨文化三空间"假说对国际汉语师资能力培养的
    启示 ………………………………………………… 70
  1. "汉语国际教育专业硕士"的应运而生 ………… 70
  2. "跨文化三空间"假说 …………………………… 72
  3. "跨文化三空间"假说对汉语国际
    教育专业硕士培养的启示 ………………………… 73
    3.1 由重视对汉语本体教学技能的培养转向对汉语本体
      教学、文化教学双技能的培养 …………… 73
    3.2 由重视学生对中国文化知识的掌握转向中外文化并

　　　　重、中外文化比较的双文化培养 …………………… 75
　　3.3 由跨文化交流学理论知识的讲授转向跨文化交流学
　　　　应用层面和能力的培养 ………………………………… 77
　　3.4 在培养目标的实现上，由文化类课程的开设转向文
　　　　化类的实践与体验 ……………………………………… 78
　4. 结语 ………………………………………………………………… 81

下篇　北京理工大学汉语教学研究

第一节　汉语国际教育专业硕士学位论文问题与对策 …… 86
　1. 引言 ………………………………………………………………… 86
　2. 研究语料 …………………………………………………………… 88
　3. 论文写作中的主要问题 …………………………………………… 89
　　3.1 论文标题的准确性 ……………………………………… 89
　　3.2 论文结构的完整性 ……………………………………… 90
　　3.3 论文格式的规范化 ……………………………………… 92
　　3.4 论文行文的准确性 ……………………………………… 94
　　3.5 结果描述的简单性 ……………………………………… 95
　4. 解决措施 …………………………………………………………… 96
　　4.1 增设课程辅助论文写作 ………………………………… 96
　　4.2 统一论文写作规范细则 ………………………………… 96
　　4.3 由学科组监管论文写作质量 …………………………… 96
　5. 结语 ………………………………………………………………… 97

第二节　理工专业来华留学生汉语补习的实践与探索 …… 98
　1. 引言 ………………………………………………………………… 98
　2. 汉语补习生的特殊性 ……………………………………………… 99
　　2.1 汉语补习时间紧、任务重 ……………………………… 99

2.2 教学的速成性与强化性 …………………………… 100
　3. 理工科汉语补习的三个阶段 …………………………… 100
　　3.1 前期：解决基本的日常生活问题 …………………… 101
　　3.2 中期：准备 HSK 四级 ……………………………… 101
　　3.3 后期：加入专业知识的学习 ………………………… 101
　4. 理工科汉语补习教学因素 ……………………………… 102
　　4.1 教师 …………………………………………………… 102
　　4.2 学生 …………………………………………………… 103
　　4.3 教学内容 ……………………………………………… 104
　　4.4 教学方法 ……………………………………………… 105

第三节　尼日利亚大学生汉语后鼻尾韵母习得个案
　　　　调查研究——以 Afe Babalola 大学零起点
　　　　学生为例 ………………………………………………… 107
　1. 引言 ……………………………………………………… 107
　2. 实验设计和方法 ………………………………………… 110
　　2.1 研究对象 ……………………………………………… 110
　　2.2 测试字表的设计 ……………………………………… 111
　　2.3 实验过程 ……………………………………………… 112
　　2.4 实验结果的分析方法 ………………………………… 113
　3. 实验结果 ………………………………………………… 113
　　3.1 听力测试结果及分析 ………………………………… 113
　　3.2 口语测试结果及分析 ………………………………… 117
　4. 讨论 ……………………………………………………… 119
　5. 结论与建议 ……………………………………………… 119

第四节　汉英语言对比法在对外汉语成语教学中的
　　　　应用——以尼日利亚汉语成语教学为例 …………… 121
　1. 引言 ……………………………………………………… 121

2. 实验 ……………………………………………… 123
　　2.1　实验准备 ………………………………… 123
　　2.2　实验对象 ………………………………… 124
　　2.3　实验内容 ………………………………… 125
　　2.4　实验过程 ………………………………… 125
　　2.5　实验结果 ………………………………… 127
　　2.6　相关实验 ………………………………… 130
3. 实验意义与启示 ……………………………… 130
　　3.1　实验意义 ………………………………… 130
　　3.2　实验启示 ………………………………… 132
4. 结语 …………………………………………… 133

参考文献 ……………………………………………… 135

上篇 非洲孔子学院及跨文化研究

随着"一带一路"倡议的深入实施和中非合作论坛的持续召开并取得丰硕成果，中非关系迎来了历史性发展机遇。新时代新形势下的中非关系正朝着合作共赢、共同发展的方向深入推进，无论是在政治互信、经济合作，还是社会交往与文化交流等方面，双方交流合作的深度和广度得以全面加强。

中非教育领域的交流合作是发展新时代中非合作关系的重要组成部分，语言互通和文明互鉴是中非教育交流合作的重要基础。自2005年非洲第一所孔子学院成立以来，非洲已有44个国家设立了59所孔子学院和41个孔子课堂，这些有效推进了中非双方互派留学生、派遣援非教师、志愿者和专家、语言学习交换项目等工作，既为非洲各国培养了大批懂汉语的专业技术人才，也为促进汉语和中华文化在非洲的交流与传播提供了充足的教育教学资源和保障。

上篇收录的五篇论文，以非洲区域教育教学的历史背景、特点以及中非教育合作发展现状作为出发点和立足点，分别围绕孔子学院、语言教育模式、教材、国际汉语教师及教师志愿者展开研究，以客观现实的例证、丰富翔实的文献、真实有效的数据，从不同的研究视角展示了当前中非教育合作共赢的成果，以及通过追溯语言教育模式发展历史反映了汉语教育在非洲得到认可并逐步推广的良好态势；同时，也反映了当前中非合作发展中存在和面临的问题，提出了解决和提升的途径和方法，比如如何加强和推进教材本土化、快速提升赴非汉语教师志愿者的跨文化适应能力，以及如何借助理论寻求培养国际汉语教师和汉语学习者具有良好的跨文化交际能力之道。

上篇这五节内容既有宏观层面的分析，也有微观层面的探讨；既有理论阐述，也有案例分析；既讲现状，还找问题，又提对策，对于有志于从事中非教育合作和文化交流，特别是中非汉语教育的研究者具有一定的参考借鉴意义。目前，中非教育及文化交流领域的研究还处于起步阶段，相信随着中非文化教育领域合作交流不断加深，会有更多的中非教育领域的研究成果呈现出来。从这个意义上讲，这五篇论文又起到了抛砖引玉的作用。

THE CONFUCIUS INSTITUTE AT THE UNIVERSITY OF LAGOS: SINO NIGERIAN RELATIONSHIP BEYOND THE UNIVERSITY

This section re-examines the fast growing Sino-African relationship through a direct focus on Chinese government's initiative of the Confucius Institute. The Confucius Institute has spread to almost all African countries. At the last Joint Conference of Confucius Institutes in Africa, held in May 2018, at Maputo Mozambique, about 43 African countries were represented. Great African countries like Egypt, Ethiopia, Ghana, Kenya, South Africa, Nigeria and many others were in attendance. This implies that if the Confucius Institute can be established in great numbers across the length and breadth of Africa, it is therefore capable of being a veritable tool for forging cooperation between the People's Republic of China and Africa.

1. INTRODUCTION

The Confucius Institute excites many Africans because of the myriad of opportunities it promises. Top on the list of the promises is related to the opportunity to learn a new language, Mandarin, which is the language that has the greatest number of speakers, even though not the most widely spread, in terms of use, in the world. Another point is the promise that it is capable of opening a window into the culture of the Chinese. Chinese culture is ancient and deep and over time, has proven to be strong enough to resist untoward influences from the West. Thus, if Africans can shift a little to the East, Chinese, then the gripping hold of westernisation can be diluted. The next important point is that the Confucius Institute (CI) on behalf of the government and people of China, promises to open up both interpersonal and group relationships between Africans and Chinese. Another important point is the growing influence of China in the diplomatic, industrial and economic spheres. A relationship with China is almost inevitable for the global business of this generation because China has grown to become the second biggest economy in the world and thus has a strong economic impact on the entire world, not just Africa. All these, and many more, issues are at the levels of promises and perceptions. They are not altogether unfounded nor are they altogether real. It is therefore the role of a study or investigation of this nature to either authenticate or refute none, some or all of the views and expectations identified here.

The Confucius Institute is one of the most innovative platforms for modern cooperation that humanity has ever witnessed. It is an initiative of the People's Republic of China and according to *Manual for Confucius Institute Directors*, the institutes "are a major initiative, which is intended to have lasting impact on the perception of China and the use of Mandarin across the globe". To me, Confucius Institutes do not pretend to be avenue for the introduction of China to the world. China is already known, indeed, well known to the world. The average family in the world would have encountered China, either through her wares or any other simple domestic, usually overlooked products, in its house. So apart from this, China perhaps, goes further to expand the scope of her presence in a relationship with the larger world by creating this new platform. In many countries where Confucius Institutes have been established, potentials abound between the host countries and the People's Republic of China. The success of the establishments will therefore hinge on how forcefully the cooperating bodies are able to identify and properly harness the potentials. According to the founding fathers of the institutes, their impacts are expected to be lasting. For this to be realised, the institutes are carefully crafted into tertiary educational systems of cooperating countries. Tertiary education perhaps has a most formidable impression on anybody and if the objectives of Confucius Institutes are integrated into tertiary educational systems, then their objectives will be much assured. This will make for a better and stronger entrenchment of the ideals of the institutes and invariably guaranteeing success.

The next issue would be what the impact is expected to be. Two major matters are raised, namely perception of China and use of Mandarin language all over the world. Confucius Institutes, all over the world, are mandated to focus on how China is perceived. In other words, they are supposed to first identify the image or diverse images of China in their countries or regions of location and do a re-imaging in all aspects—culturally, politically, socially, economically etc. in line with the realities of the time. The institutes are expected to present a total picture of China, with nothing left out.

For Africa, this onerous task of the institutes must reflect the peculiar conditions of Africa in connection with a favourable relationship with a major world power and economy. The reason is that Africa narrowly survived Western Domination during the era of colonialism and will be very suspicious of any re-enactment of such a relationship. For this, there ought to be clarity in the relationship. Currently, there are mixed feelings as to the intentions of the People's Republic of China in this regard because the project—Confucius Institute—can become a tool for domination at the intellectual and cultural levels.

2. SINO-AFRICAN RELATIONSHIP

With particular reference to the Federal Republic of Nigeria, a proper harnessing of the potentials of the institutes from their objectives in relation to language teaching, culture exchange, community links, interpersonal and group relations as well as technological and scientific cooperation promises a healthier relationship between two very significant countries of the world—China and Nigeria—from two seemingly insignificant parts of the world—Asia and Africa. It is important to deal with how these realisations can combine to present themselves as a strong bridge between China and Nigeria and indeed all other African countries. It is also important to ascertain its capability in terms of expanding both the educational socio-economic and diplomatic relations between Nigeria, the most populous as well as the biggest economy in Africa, and China, the most populous country in the world as well as the world's second biggest economy.

Precisely, this section dwells more on the role of the Confucius Institutes in African Universities in foisting a better and stronger Sino-African relationship. Nigeria is a typical African country that has presented itself for analysis here and specifically, the Confucius Institute at the University of Lagos (CI Unilag) is used as a model. CI Unilag is about a decade years old. By all standards, it is one of the oldest in

Africa and its output is quite remarkable. It is getting stronger, year after year, especially in fulfilling its set objectives within the University of Lagos and its environs (Director's Report 2017). It has developed, and still is developing and in course of its natural development, has inadvertently established its own peculiar features.

Basically, like many other Confucius Institutes, CI Unilag fulfils the canon function as a veritable tool for forging cooperation between its immediate environment and the people of China. It has thus, positively affected Sino-Nigerian relationship. When it started about 10 years ago, it was, as one would expect, strange. The community needed time to see it unmask itself. As time went on, it unveiled its major, specific, short and even long time objectives. All are summed in "active cooperation between the People's Republic of China and the Federal Republic of Nigeria" (Director's Report). This has largely been carried out through language teaching and culture exchange as well as promoting diplomatic cooperation. In language teaching, CI Unilag started modestly, teaching a handful of people Mandarin and preparing them for HSK Examinations. At the end of 2017, more than 5,000 students had benefitted from the teaching of Mandarin in Unilag CI. There are also about 18 teaching sites outside the University of Lagos, which cut across the primary, secondary and tertiary school (CI Unilag Brochure, 2017/2018). Then there is a completed plan to open a teaching site in one of the most popular and biggest markets in the commercial city of Lagos, where there is also a record of intense Chinese presence. These have, so far, proved to be capable of constructing a strong bridge between China and Nigeria even beyond the University of Lagos Confucius Institute.

2.1 Nigeria-China Relationship: General Overview

One major concern of this paper is to show that CI has been and still remains capable of fostering diplomatic relationship between China and other countries. Nigeria and China had an existing relationship before the advent of CI. Nigeria and China have a lot in common, at the political, economic and cultural levels. First, the two countries share the same National Day, October 1. This has remained an exciting intersection, which CI Unilag celebrates annually with relish. Each year, CI Unilag organizes very attractive educational and cultural activities to celebrate the joint national day. This particular activity of CI Unilag, which is considered as socio-cultural, extends to socio-economic and political dimensions as it reviews and previews Sino-Nigerian cooperation from time to time. It enjoys good audience from within and outside the University community and also is widely publicized by both local and national media.

2.2 Beginning of the Relationship

Nigeria gained independence from British colonial rule on October 1, 1960. During the celebration of her independence, Chinese delegates, who came on invitation by the new Nigerian government, were accorded very warm reception. They simply felicitated with Nigeria over her independence from the British colonial rule, not knowing exactly how deep the relationship was going to get in the future.

Although China and Nigeria were aware of each other before that very first remarkable contact and continued to exist without formalizing their contact, it was not until February 1971 that a formal diplomatic relationship was established. It appeared like the head of State of Nigeria, at that time, General Yakubu Gowon, was very interested in establishing what seemed like a trial diplomatic relationship with China. As a result of that, he embarked on a visit to China in 1972, with a follow up visit of Chinese Premier, Li Peng in 1988. Subsequently, each country established her foreign mission in the capital city of the other, Nigeria in Peking and China in Lagos.

What resulted at this initial stage would become a special diplomatic relationship, which Chinese government christened a "Win-win" relationship. It was a very promising and peculiar relationship. It was peculiar for a number of reasons. The two countries were and are still extremely significant in both regional and global affairs. There was and still is the demographic advantage for both countries in their regions and the larger world. China was already a prominent industrial nation that would soon become the world's fastest growing economy and Nigeria was oil rich, one of the biggest oil exporting countries in the era when petroleum was about the most prized commodity in the world and had, as it were, high hopes of industrialization. While China, with a bit of challenge from India, dominated the political and economic scene in Asia, Nigeria was the giant of Africa, serving as "big brother" to other African countries. At the cultural level, China and Nigeria would soon realize there are a lot of similarities in their culture and general ways of life. Therefore, arrival at a win-win relationship was quite apt as both countries had, and still have strong significances at the economic, political and demographic levels, amongst other indicators. With all these, bases for cooperation between the two countries appear to have also been indicated before the actual diplomatic pack came into being.

Another equally important area of significance was in the area of civility and peace. Apart from the civil war of 1967—1970, and the recent pockets of insurgency in her Northeast, Nigeria has remained relatively peaceful. There have not been any remarkable international wars, neither have there been deep hostilities between Nigeria and other nations, both at the military and diplomatic levels. On the other side, Chinese development has been either overtly or covertly nonmilitary. It has not been known in history that China has embarked on tough military escapades and as sophisticated as her culture has been, she never really colonized any other set of people. As a result of this, Sino-Nigerian relationship was not going to be hinged on sharing of intelligence gathering or supplies of military hardware or on the line of "alliance" or military pack, not even the famous South-South cooperation that resulted in an alliance known as "non aligned" nations.

Since the relationship between the two countries is basically non-military, in an era of security consciousness, the obvious options for cooperation will be in the industrial and commercial areas. From the beginning, attention became concentrated on how each country can benefit from her comparative advantage over the other, while not infringing on the advantage of the other. This has powered the strong Sino-Nigerian relationship that developed afterwards.

At the beginning of the relationship between China and Nigeria, the win-win approach was meaningful; since Nigeria was (and still is) oil rich and China had started her massive industrialization and commercialization processes, Nigeria could use her natural endowment—oil—to negotiate any other element with China. However, as time goes, the win-win pack, which was hinged more on commerce and industrialization became fractured by unprecedented trade imbalance between the countries. Nigeria could only present one commodity because of her mono economy and even the oil that supported Nigeria was threatened by massive discovery of oil in many other parts of the world as well as intensive research by scientists all over the world for alternative sources of energy to oil. Nigeria would then seek a redefinition or reconceptualization of the relationship.

3. ADVANCING THE RELATIONSHIP: OTHER INDICATORS

A little after the initial times of the formalization of the relationship between the two nations, what appeared like mere trading relations experienced an expanded scope and embraced deeper economic, scientific and cultural aspects. Nigerian authorities saw this as different from other arrangements as it appeared free of overt exploitative tendencies that marked many other foreign engagements by Nigeria. In recent years, both countries have been involved in several bilateral agreements, which cut across several aspects of development; however, the subsequent understanding and expansion suggest a fracturing of the win-win relationship, which was initially hinged on commerce. This is because there arose, over time, an unprecedented trade imbalance as already noted. Experts have argued that in international relations, especially among developing countries or between the developed and developing countries, certain basic theories govern such relations. First, there is the "modernization theory," which according to Agubamah holds that

all societies progress through similar stages

of development, that today's underdeveloped areas are thus in a similar situation to that of today's developed areas at some time in the past, and that therefore the task in helping the underdeveloped areas out of poverty is to accelerate them along this supposed common path of development, by various means such as investment, technology transfer, and closer integration into the world market (2014: 65).

This was probably ideal and real at the time of the enactment of the win-win pact. At that time, Nigeria and China shared a lot of similarities and could be said to be both economically and culturally at par. They were both third world countries and in the non-aligned pact. They were both developing, with massive infrastructural deficit. They also accounted for a reasonable percentage of world poverty. They both also showed tendencies towards development, and almost confirming the theory that they could aspire to reach in the near future, where the developed and industrial western countries were. While this became true of China, which not only caught up with, but even overtook the West in industrialization and commerce, the Nigerian story remained different. The inability of Nigeria to keep pace with China skewed the near balanced relationship they started with and the "modernization" theoretical approach no longer seems appropriate for the analysis of the China-Nigerian relationship.

Analysts will have to apply alternative theories to the study of

China-Nigerian relationship. The next alternative that appears applicable, once more according to Agubamah, will be what experts in political and diplomatic analyses refer to as "dependency relationship" (2014: 65). This, in his opinion, has become the real situation for many years now

The assumed dependency relationship is mediated by commercialization and industrialization at the detriment of other indicators like Education and Culture. If it is not addressed, it will have a tendency of making Nigeria poorer in her association with China. For this reason, therefore, there should be a redistribution of interests that hitherto concentrated on commerce to other aspects like Education Tourism and Culture. If this aspect of development is explored, it could be that the two countries can gravitate towards "interdependence" with "win-win" mutually benefiting outcomes as proposed by Joseph Nye and Robert Keohane (1994).

The Confucius Institute is capable of bringing about a shift of paradigm from the dependency to interdependency. CI could take up this task by first reconstructing thoughts and actions of Nigerians and Chinese towards creating a community characterized by trust and reliability. Through the activities and programmes of the CI, Nigeria is bound to find China more reliable than the West. Nigeria and the larger Africa have experienced similar institutions from the West like the British Council, Alliance France, United States Information Services (now defunct), Goethe Institute etc and have found CI quite unique. The structure of CI is different. The CI is domiciled in Universities and Colleges, where it becomes rooted in the highest academic culture of the society, first and later penetrates from the 'towers' to other parts of the society. The major quality, which establishes its uniqueness, is its flexibility, in that it is able to absorb both academic and cultural matters within and outside the institutional system. The functions of CI in the educational and cultural arena are laudable. Despite the fact that CI is a government organ, it has, however, lent itself to domestication by individual African countries and individual universities where it is situated. It is essentially building a "reliability" relationship between China and Nigeria as well as other African countries. Nigeria and many other African countries have thus found China more reliable than other foreign countries. The newly perceived Reliability Theory is close to Modernization Theory and this new theory, which is also more of an understanding, is supported mainly by education and culture.

Nigeria has found China more reliable than many other countries, including their earlier Western partners and friends. Sino-Nigerian relationship has thus continued to develop based on the understanding that there is a possibility that the underdeveloped nature of Nigeria now was what China used to be and for her to develop, she definitely needs a help from China. In summary, they share common interests. The "Shared Interests" become the major link between the two great countries. In addition, since the goal of both countries is advancement—economically, educationally, technologically and culturally, they equally share "common future." This new approach—reliability theory—is supported by Cultural and Educational aspects of China-Nigeria relationship and is properly situated within the One Belt, One Road Initiative. The Confucius

Institute at The University of Lagos can be of immense importance in fostering this.

THE OPTIONS

The following options have been articulated as constituting the core areas of common interests in current development:

- The Chinese win-win option,
- The Dependency option which appears to be the reality of Nigeria-China relationship,

AND

- The Reliability option.

THE RELIABILITY OPTION

I present the thought that through this option, Nigeria can rely on China for support and encouragement at the local, regional and global levels and vice versa. The focus on mutual reliability may be a reenactment of the win-win approach, broached by the parties at the initial period of their economic and diplomatic relationship. Nigeria is undoubtedly the leading economy in Africa and needs the support of China, not only as the leading Asian country, but as both the most populous and fastest growing economy in the world. China, on the other hand, needs Nigeria to help her towards an authentic political and economic relationship with Africa, a continent that can no longer be ignored in world affairs.

The Reliability option is premised on Trust. Politically there already exists a deeper Nigeria-China cooperation. For instance, at the United Nations, China endorsed Nigeria's bid to become a permanent member of the UN Security Council, citing Nigeria's status as a "leading developing country." Nigeria also supports China's position in territorial disputes in the Asia-Pacific region. Nigeria has equally successfully solicited Chinese military assistance in her fight against insurgencies in the oil-rich Niger Delta. Therefore, through the Reliability option, Nigeria has been able to work in partnership with China in signing a $311 million cooperation/agreement to develop communications and space programmes. Also, China was instrumental to the developing and launching of the Nigerian communications satellite (NigComSat – 1) in 2007 to expand cellular and Internet networks in Africa.

The proposed reliability option, which does not seem to fit into any definite social scientific, economic or business paradigm, is a purely humanistic approach, where parties are treated as human beings who work in trust, believing that affairs of life become better when people are confident of one another's help. Nigeria appears to have tilted towards this in her relationship with China in the options I identify here as the WAYS of DEVELOPMENT. Four ways have been identified and they are: the HIGHWAYS, RAILWAYS, AIRWAYS and SEAWAYS. Nigeria and China have sustained partnership in all these. Although, in consideration of physical geography, Nigeria does not fall within the Chinese "One Belt and One Road" framework, but the link between the two countries cannot be violated by mere physical boundaries. China has shown preferential willingness to cooperate with Nigeria in these areas identified as the ways of development and has, in recent times, become Nigeria's closest development partner.

The Airways: Major infrastructural deficit in the Aviation industry in Nigeria assumed a major position in China-Nigeria cooperation. The refurbishing, expansion, reconstruction and construction of the existing and new airports, upgrading of their facilities and personnel development are enhanced by China-Nigeria cooperation.

The Railways: The Nigerian Railways was almost moribund; however, through the Nigeria-China cooperation, the Railway sector of Nigeria's transport system has been resuscitated and placed in a position of positive contribution to the development of the country and Africa. It is expected that Nigeria, indeed Africa, will undergo a systematic upward movement towards the replacement of existing rail system to the more sophisticated electronic system (The Chinese Bullet Trains).

The Highways: The most popular means of transport in Nigeria is through the road. This puts the roads under undue pressure and almost always, experiences of broken down road infrastructure dot the Nigerian story. However, the presence of Chinese construction companies has helped in provision of technical assistance towards the development of a more sustainable road networks. The activities of China Civil Engineering and Construction Company (CCECC) are very visible in these sectors.

The Seaways: Although this has not featured much in Nigeria-China relations, apart from Chinese military assistance to the Nigerian navy in provision of ships since Nigeria is a coastal country, more discussion in this direction as well as other areas like commerce, agriculture and industrial productivity is imminent. China has shown preferential willingness to cooperate with Nigeria in these areas. She has become Nigeria's closest development partner in modernization (Generally).

4. SHARED INTEREST AND SHARED DESTINY (SI SD)

President Xi Jinping of China and President Mohammadu Buhari of Nigeria, on behalf of the people of China and the people of Africa, respectively, adopted the "shared interest and shared destiny" approach to tie together all aspects of development that the two world powers have battled so far. The notion of "shared interest and shared destiny" constitutes the summary of a renewed mutual understanding reached at a meeting between Presidents Xi Jinping and Mohammadu Buhari on April 12, 2016.

"Shared interest and shared destiny" has become an expanded vision of the Chinese government whereby relationship with other countries is properly defined and reaffirmed. The most engaging programme in this direction is the One Belt, One Road (OBOR) Initiative, which is an almost literal replication of the traditional silk road of the old commodity trade between China and other nations. This 2013 OBOR Initiative thus appears like a literal construction of a connecting route through Asian and European countries on the same belt. However, it is more like a connecting process of the economies of the countries along the belt. "Ways" —all the ways—highways, seaways, railways and airways are indicated, even though it is originally "Silk Road/Economic Belt," with an indication of "Maritime Silk Road." Through this initiative, Chinese government has embarked on massive infrastructural development of their trading partners in Asia and Africa. Some observers have, however, noted that the One Belt, One Road (OBOR) Initiative is much more than development of infrastructure for economic purposes; it is expected to be reinforced by culture exchanges, developments in academics and research, media cooperation and personnel exchanges etc.

5. CONCLUSION

The Confucius Institute (CI) in Africa, and their host universities, appear to be a ready organ of the Chinese system that can shoulder the burden of One Road, One Belt (OBOR) and Shared Interest and Shared Destiny (SISD). Through its existing objectives, it can fold up all the elements of the very ambitious OBOR and systematically deliver them to the arena of success. The Confucius Institute at the University of Lagos has pursued programmes in the line of enhancing both OBOR and SISD. Although there are obvious disparities between China and Nigeria in terms of geographical location, history and culture, there are similarities that offer common ground for mutual understanding, which invariably make for a better realization of SISD project in relation to economic opulence and peace. CI Unilag, in addition to teaching Chinese Mandarin Language, also creates avenues for personal, interpersonal and group relationships (through assembling people for various Chinese cultural and enlightenment programmes). It introduces salient aspects of Chinese culture and tradition to Nigerians and also introduces Chinese nationals resident in Nigeria to deeper elements of Nigerian cultures and ways of life for a better mutual understanding. It also continues to help to prepare Nigerian youths for leadership along the lines of intersecting Sino-Nigerian values (This is done through

Summer Visits, Exchange Programmes, Bridge Contests etc.) as well as improved personnel in the Educational and other sectors through regular delegate visits and generally to reduce or completely remove existing and perceived barriers in mutual understanding between the two parties. By doing most of these, the CI (and the "University") is undoubtedly constructing its own "ivory road" that more solidly links the communities of humanity with common interests and shared destinies.

第二节　南非族群分化式语言教育模式探析*

南非因语言、文化的多样性与融合性被誉为"彩虹之国"。据《南非2012—2013年鉴》记载，该国人口超过5 000万人，其中黑人占总人口的79.2%，白人和有色人种①各占约9%，亚裔占2.5%。境内共有25种语言，分属三个类别：欧洲语言、亚洲语言和非洲本土语言（Baldauf和Kaplan，2004：199-200）。南非的语言教育是个沉重的议题。历史上，英国殖民者的同化政策客观上深化了阿非利堪白人的民族情感，这一群体的不安全感和民族主义情结催生了种族隔离制度，致使黑人群体的教育、文化、语言等各项事业深受其害。南非现行宪法确立11种官方语言，包括英语、阿非利堪语②以及9种本土语言。相较其他非洲国家，南非国内的语言数量并不庞杂，但族群分化式语言教育使得"语言"成为一个极其敏感且复杂的政治词汇。追溯南非语言教育政策历史有助于透视这种情况的缘起、发展及所产生的涟漪效应，并借此可挖掘族群认同、语言教育与政治权力间的作用机制。本节内容展现了族群分化式语言教育模式的缘起和发展轨迹及各族群在教育领域内的博弈与权力更迭，并借此挖掘了"语言工具观"对南非语言格局产生的深远影响；关注了南非在汉语

---

* 本文系大连民族大学中央基本科研业务费项目（项目号：201803033）的阶段性研究成果。

教育方面做出的努力和取得的成绩，认可了南非对"一带一路"倡议全面推进所展现出的积极态度。

1. 南非语言教育政策演变史

南非语言教育，大体上经历了种族隔离前、中、后三个时期。英语、荷兰语（阿非利堪语）、本土语言所代表的各群体间的博弈于各个阶段清晰再现，族群分化式语言教育是贯穿其中的一个鲜明特征。

1.1 英语和荷兰语对峙期

历史上，南非先后处于荷兰和英国的殖民统治之下。1652年，荷兰人建立开普殖民地（Dutch Cape Colony），但他们的优越感自英国人踏上南非国土之日起被彻底粉碎。1795—1815年，英国两次占领开普殖民地，不断加强英国化政策（policy of Anglicization），力图实现英语取代荷兰语的目标（Davenport，1991：40）。1822年，开普殖民地总督萨默赛特（Somerset）指定英语为殖民地唯一官方语言（刘海方，1999）。随后，英殖民政府相继出台一系列语言法律，限定英语为唯一的教学语言，荷兰语学校也必须执行这一政策（du Toit，1970）。英国殖民者如此大刀阔斧地推行语言改革，其用意是必须建设有"英国特色"的殖民地。

英政府的举措引发了布尔人[③]的强烈不满，他们开始向内陆"大迁徙"（Great Migration），最终建立了德兰士瓦（Transvaal）和奥兰治自由邦（Orange Free State）两个布尔共和国，以荷兰语为官方语言。1899年，英布战争（Anglo-Boer War，1899—1902年）爆发，布尔人战败，英国遂兼并了布尔共和国。战后，时任开普殖民地总督米尔纳（Milner）指出"尽管荷枪实弹的战争已经结束，但英国仍面临另一场战役，那就是如何使南非'英国化'"（Pyrah，1955：154）。为此，英政府大幅增加英国移民数量，以保证英裔白人的绝对优势。1910年，南非联邦④成立。《联邦宪法》第137条规定：英语和荷兰语同为联邦官方语言，享有同等的使用自由、权利和特权（Malherbe，1977：8-9）。然而，只有奥兰治自由邦遵循了语言平等原则，其他三省仍继续保持英语的主导地位。英国人操纵的联邦政府将开展英语教育作为学校获取国家援助的前提条件，由此导致荷兰语母语教育比率明显低于英语（Mesthrie，1995：310）。

为了抵制英国化政策，阿非利堪语言运动（Afrikaans Language Movement）在开普殖民地发端，阿非利堪语被称作"长有非洲之心的阿非利堪人的语言"。1875年，"真正阿非利堪人同胞会"（Association of True Afrikaners）成立，该协会旨在保卫"我们"的语言、"我们"的民族和"我们"的土地。尽管英国化政策来势凶猛，在同化布尔人方面却未取得预期成效，反而加速了阿非利堪民族⑤的建构，阿非利堪语从中发挥了凝聚人心的作用。1914年，阿非利堪语成为学校授课课程。1925年，联邦议会修改宪法，阿非利堪语正式取代荷兰语，与英语一并成为官方语言。1932—1958年，阿非利堪语学校占白人学校的比例由28%提升至62%（Giliomee，2014）。语言运动一方面提升了阿非利堪人的民族意识，另一方面却助长了阿非利堪民族的排外心理和极度膨胀的民族自豪感。当这种民族情感达到顶峰时，种族隔离制度就诞生了。

英布战争失利是压垮阿非利堪人的最后一根稻草，也是建构阿非利堪民族共同体的最后一块拼图。英国同化政策激化了南非白人内部语言争端，族群语言分化初见端倪，随之而来的种族隔离制度对黑人群体的语言与文化、南非的稳定与发展造成了难以估量的伤害。凯瑟琳·休（Kathleen Heugh）曾如是评价："英国化政策可能是南非历史上最严重的政治错误之一，由此引发的连锁事件在一百年后依然困扰南非的教育和语言政策"（Fraurud 和 Hyltenstam，2003：3）。

1.2 语言天平失衡期

1948 年，阿非利堪国民党（National Party）上台标志着种族隔离时代开启。肤色成为社会分化的外貌指数，族群分化发展到极致，相关法律条款制度化并合法化了种族歧视行为。

在种族隔离理念作用下，黑人被划分成若干语言族群。黑人家园（Tribal Homelands）是以语言为标准建立的聚居区，旨在实现黑人地域隔离，防止他们形成统一战线，威胁白人统治。种族隔离政府企图从政治、经济、地域上将白人和黑人完全分开，鼓励黑人"部族化"，严格限制班图语言的使用范围；大力提倡母语教育，即英裔白人接受英语教育，阿非利堪人和有色人接受阿非利堪语教育，黑人接受本土语言教育。按照规定，黑人学生在小学一至四年级使用本土语言作为教学语言，二年级开始学习英语和阿非利堪语，五年级起英语取代本土语言成为教学语言（Walters，1996：215）。有研究显示，四年级结束时，学生掌握的英语单词数量为 800 个左右，而五年级教学大纲要求学生至少掌握 5 000 个单词（Macdonald，1991：15）。学生实际英语水平与英语作为教学语言的客观要求相距甚远，除辍学外，黑人学生似乎并无其他选择。

1953 年，南非议会通过《班图教育法》（Bantu Education Act），标志着种族隔离制度在教育领域全面启动。具体规定如下：黑人学生接受母语教育的时间由原来的四年延长至八年，进入中学后可以选择英语或阿非利堪语作为教学语言。

由于大多数黑人学生没有机会接受中等教育,《班图教育法》和母语教育政策被视为白人政府的诡计,意在剥夺黑人学习英语的机会。鉴于此,黑人家园纷纷选择英语和一门本土语言作为官方语言,阿非利堪语备受冷落(Sonntag,2003:82)。面对此般冷遇,国民党右翼分子号召政府尽一切可能推广阿非利堪语。1976年,班图教育部要求在黑人就读的学校中,小学高年级和初中阶段的一些关键科目必须使用阿非利堪语授课;阿非利堪语和英语必须地位平等,各教授科目总数的50%。学生家长被剥夺了为子女选择教学语言的自由,不满情绪持续积聚,最终引爆索韦托起义,造成496名黑人学生死亡的惨烈结局。

索韦托起义后,种族隔离政府于1979年修正了《班图教育法》,取消了阿非利堪语教学的硬性指令,将黑人母语教育时间重新缩减到四年(Lafon,2009)。1979年政府第90号法案(Act 90 of 1979)规定:必须遵守母语教育原则,基础教育前四年需使用母语,之后是否沿用需充分考虑家长的意见;若弃用母语,家长有权选择一门官方语言作为子女的教学语言(Hartshorne,1995:313)。20世纪80年代末,阿非利堪国民党政府加大了对黑人中等教育的投入力度,放宽了黑人学生进入"白人大学"的限制条件。过去的"白人大学",尤其是英语大学,开始私下接收黑人、有色人和印度裔学生。进入20世纪90年代,态度一贯强硬的阿非利堪语大学也开始吸纳黑人学生。

1.3 本土语言功能恢复期

20世纪80年代末90年代初,种族隔离制度渐趋弱化。1994年,曼德拉领导的非洲国民大会(African National Congress)在大选中获胜,标志着白人种族主义统治被正式废除。

如何摆脱种族隔离阴影、消除种族歧视、培养全体国民的国家意识成为新政府迫切需要解决的难题。

1996年，《南非共和国宪法》出台。宪法清楚表明了新南非摆脱语言压迫和语言歧视的决心与勇气，其中第1章总则中第6项明确规定：官方语言包括斯佩迪语、索托语、茨瓦纳语、斯威士语、文达语、聪加语、阿非利堪语、英语、恩德贝勒语、科萨语和祖鲁语；政府有义务采取积极有效的措施提升本土语言地位并促进其使用……中央和各省级政府可以自由选择官方语言作为行政语言，但必须使用至少两门官方语言……通过立法或其他措施管理官方语言使用，确保各官方语言享有平等地位和公平待遇；国家语言委员会应致力于创造条件以促进所有官方语言的发展（The Constitution of South Africa 1996）。官方多语导向有益于化解语言矛盾，加强国内种族、民族团结，号召民众尊重多元语言与文化，最终实现建设民主国家的目标。

从理论上讲，宪法力求遵循"制衡原则"，确保所有官方语言平衡发展，其政策导向深刻影响了一系列专项语言教育政策。1996年，《南非学校法》（South African Schools Act）出台，着重强调全新的教育体制必须致力于纠正原有不公正，保持并发展南非语言、文化多样性，维护学生、家长和教育工作者的权利。其中第2章第6项禁止学校实施任何形式的种族歧视政策，杜绝任何与官方语言使用相关的歧视行为，尤其不得歧视本土官方语言。《南非学校法》赋予了本土语言与英语和阿非利堪语同等的参与学校教育的合法性，为本土语言教学提供了法律依据。1997年《语言教育政策》（Language in Education Policy）进一步体现出对个人语言权利的尊重，要求公立学校必须使用至少一门官方语言作为教学语言；学校可自行选择一门及以上官方语言用于授课，申请入学的学生需事先告知学校他们的语言选择，如果要求使用规定以外其他官方语言的学生人数不足40人，省级教育部负责人需酌情考虑如何满足少数学生的语言需求和教育需求。该政策将文化多样性和语言多样性视为国家资源，倡导所有官方语言平等发展，力求改善本土语言处境，实现跨种族、跨语言、跨宗教信仰的交流；提倡多语教育，学生从小学三年级起选修至少两门语言课程，五年级学生需通过一门语言考试，十年级学生需通过两门语言考试（其中一门必须是官方语言）；呼吁各学校充分尊重个人语言选择自由，确保出身任何语言背景的学生都能够享有平等的受教育机会。

2002年11月，教育部颁布《高等教育语言政策》（Language Policy for Higher Education），提倡落实高等教育多语制，确保所有期望借助高等教育实现自身潜力的人享有平等入学和获取成功的机会；谴责英语和阿非利堪语的特权地位，同时也意识到由于本土语言尚未完全具备学术语言资质，且大多数黑人学生仍未通晓英语和阿非利堪语，语言因素仍将继续成为获取高等教育的障碍（李旭，2006）。该政策试图解决教学语言选择、班图语言发展、外语学习以及高等教育多语制等问题，整体性建议包括：在本土官方语言发展成熟之前，英语和阿非利堪语仍将继续用作高等教育的教学语言；将本土语言发展成为学术语言是一个中长期战略目标，在此之前需大力开展语言本体规划，尤其是词典编纂、教材编写等工作；发展本土语言需要长期、充足的财政支持，政府的扶持力度应与将阿非利堪语发展为教学语言的投资力度相当；以规划和基金奖励等方式鼓励本土语言和文学作品的研究；高等院校应根据实际，制定切实可行的语言政策，如将掌握一门本土语言作为学生参加学术研讨活动的必备条件,为学校教职员工提供本土语言短期培训课程等。

2. 南非语言教育的本质

南非宪法传达了民主、平等、自由、宽容、团结的思想,致力于推行多语政策、实现语言平等、消除语言歧视,保障公民使用母语和自由选择语言接受教育的权利,表达了南非人民走出种族隔离阴霾、重建家园的美好愿景。然而,宪法中与语言使用相关的条款内容在一定程度上带有历史局限性,镌刻有其所诞生时代的印记。一方面,宪法沿用了种族隔离时期故意夸大班图语言间差异的语言命名和分类方法;另一方面,某些措辞被指责隐含保护种族特权的意味,如第2章第30条中"任何人有权使用自己选择的语言,有权参与自己选择的文化生活"等文字常被理解为任何带有种族性质的社会群体都可以堂而皇之地践行和发展其群体文化(Soudien,2009:147)。

与此同时,新民主时期各项语言教育政策的实施过程也异常艰难。原因在于黑人对母语教育的反感程度远远超出想象,学生家长在子女接受四年母语教育后,五年级起便迫不及待地要求学校使用英语作为教学语言。教学语言转换对黑人学生的课业表现和认知能力发展提出了巨大挑战,在一定程度上剥夺了他们平等参与社会竞争的机会。有数据显示,有机会获得高等教育的黑人学生数量仅占黑人总数的10.9%,白人学生这一比例高达52%(Webb,2002)。南非共有22所发展相对成熟的大学,其中包括17所英语大学,5所阿非利堪语大学。种族隔离制度解体后,白人大学对外开放,黑人学生入学人数逐年增加,他们大都选择英语大学就读。英语大学在保留英语作为教学语言的同时，尝试将学校所在地区的主体民族语言融入课程，如夸祖鲁—纳塔尔大学（University of KwaZulu-Natal）⑥。面对日益严峻的生存压力，阿非利堪语大学逐渐采用阿非利堪语和英语并行的双教学语言模式。有数据显示，1995年，70.8%的阿非利堪语大学学生选择阿非利堪语作为教学语言，这一比例在2001年下降到57%，而选择英语学生的比例由29.2%上升到47%（Webb，2002）。这一趋势使得阿非利堪学者十分担忧，他们既担心本族语被边缘化，亦表示"英语化"势头极有可能导致阿非利堪语大学教学质量下降，因为相当数量的阿非利堪语教员的英语水平未能达到可用于教学的标准。

纵观新民主时期的宪法和多项语言教育政策，实现11种官方语言地位平等、落实并推进多语制是贯穿其中的一条主线。然而，打造多语格局的尝试收效甚微。究其根本原因，黑人统治精英积极倡导并推进"英语一枝独秀"局面：一方面，他们刻意压缩阿非利堪语的使用空间，为英语宣传造势（Orman，2008：121-123）；另一方面，由于精英阶层的标本示范作用，他们不经意间流露出的对本土语言的质疑左右了民众的语言态度（Alexander，2003：15）。在权力集团操控下，语言教育以实现精英阶层利益最大化为核心目标，语言被强行赋予了政治属性并成为政治工具。各族群或主动或被动的语言抉择反映出分化的社会现实和心理现实，也为实用主义色彩浓厚的"语言工具观"在南非语境中的存在事实提供了佐证。

在南非，客观意义上的"族群"（种族和民族）概念因受种族隔离制度牵连而备受责难，以至于任何官方规划活动都刻意淡化这一社会变量。这种带有明显政治意图的做法使得民主新南非时期看似平等的语言格局之下暗流涌动。首先，南非宪法设立11种官方语言，允许国语位置空缺，旨在满足各方利益，避免语言问题升级为严重的社会问题。南非国内缺少一种被广为接受的语言，当国语选择面临重重困境时，确立多种官方语言的做法成为必要的分流机制，以给予某些族群以心理慰藉。出于稳定时局考虑，新民主政府未能绘制出崭新的语言蓝图，国语缺失、11种官方语言并行的举措更像是一种权宜之计。将原本四分五裂的各民族整合成"南非国家民族"，或设法收敛种族、民族、语言等变量的分化作用以便服务于国家整合，预期困难可想而知。

其次，各族群的语言态度和语言选择深受历史经验制约与现实利益驱动。曾经的语言压迫和语言不安全感驱使黑人民众将阿非利堪语视为压迫者的语言，阿非利堪人将本族语视作无可替代的文化认同标记，这种态度对立本身就暗藏冲突潜势。黑人民众对母语教育心怀恐惧，这种心理侵蚀着维护语言多样性、建构多语格局的诸多努力。南非宪法虽赋予了民众自由选择和使用语言的权利，但对阿非利堪语的敌视和对本土语言的不安误导民众将英语视为晋级上流社会的"敲门砖"。超过60%的黑人学生选择英语作为教学语言，而以英语为第一语言的学生不及学生总数的7%。

最后，在多民族国家中，语言与族群认同感相互关联、互相强化，语言规划在一定程度上也是族群身份认同规划。阿非利堪白人政府时期的语言规划体现出狭隘的民族情结，极具排他性和封闭性；与之截然不同的是，黑人统治精英推崇欧洲自由主义思想。伴随英语文化的全球传播，世界范围内的英语使用者逐渐形成了包容性的身份认同。正因为如此，黑人民众陷入了前所未有的"认同困境"：他们一方面认同本族语言和文化，却不愿将其用于学校教育；另一方面虽追捧英语，却又无法对西方文化产生认同感，更多时候看重的是英语的实用价值。这种进退维谷的窘况折射出语言融合性和工具性功能在南非语境中无法调和。

自 20 世纪 50 年代以来，汉语教学在很多非洲国家得到推广。进入 21 世纪后，中国在经济全球化背景下快速发展，同时随着中非合作论坛的创设，中非在政治、经济、文化各领域的交流日益密切，非洲的汉语推广进入了一个快速发展阶段。尤其是 2013 年中国政府提出"一带一路"倡议以来，非洲大陆也积极参与到"一带一路"建设中来，"汉语热"在非洲大陆迅速升温。南非作为撒哈拉以南非洲地区比较有影响力的国家之一，自然也不例外。

3. 汉语在南非

从 1904 年第一批华工到南非淘金，到 20 世纪下半叶中国台湾和香港移民的涌入，再到 20 世纪 90 年代以来大批中国大陆人员到南非投资创业，均给南非的中文教育打下了深刻烙印。到 2006 年年初，在南非学习汉语的华人子弟及南非当地学生已经累计达 10 多万人。⑦在全球化盛行的当今世界，掌握一门外语就好比打开一扇通往新世界的大门。中国已连续多年成为南非最大的贸易伙伴国，能够讲一口流利汉语的南非年轻人将有越来越多的职业发展机会。南非的汉语教学对非洲各国起到引领和示范作用。中国向南非派遣汉语教师和汉语教学志愿者的规模不断扩大，同时也在进一步加大对南非本土汉语教师的培养力度，并同南非基础教育部积极探讨合作编写更适合南非中小学生的汉语教材。除了与中国的传统友谊和密切的经贸联系，在日常生活中，南非人用到中文的机会也越来越多，中文教学在南非越来越火，政府机构和民间开设的汉语学习班几乎"供不应求"。

2014年，中国和南非签订五年协议，着重关注课程发展、数学和科学教师培训职业教育、基础教育阶段的研究和发展等领域的合作。南非基础教育部发言人特洛伊·马丁斯表示"中国是南非最大的贸易伙伴，因此学习汉语和了解中国文化对南非人极其有益"[8]。2015年年初，南非基础教育部公布了《汉语作为南非学校第二语言教学大纲》，计划从次年起在南非中小学陆续开设中文课，学生也可以选修中文。为配合这一教学大纲的公布，落实汉语进入南非学校的行动，南非基础教育部选择豪登省作为汉语教学的试点省份。在中国文化和国际教育交流中心（孔子课堂）的支持下，共有14所豪登省的中小学试点开设中文课。[9]2015年，南非学习中文的人数居非洲国家之首。[10]2016年3月，南非基础教育部部长表示将汉语学习正式纳入南非教育体系的步伐正在加快。我国政府专门组织专家为南非各学校编写适宜的语言教材，每年派遣100名教师和志愿者赴南非帮助和指导当地汉语教师，通过当地孔子学院每年培训200名汉语教师，并为学习汉语的南非学生提供奖学金等。[11]截至2016年8月，南非中小学汉语教学点已发展到50个，其中有18所中小学是正式试点学校，部分学校已经开始计学分，其中不少教学任务是由孔子学院、孔子课堂担负的。[12]自2016年以来，南非已有40多所学校正式引进汉语教学。未来几年内，南非政府计划在500所学校引进汉语教学，让更多南非人有机会学习汉语。[13]迄今为止，南非共建立了5所孔子学院，分别设在斯坦陵布什大学、开普敦大学、罗德斯大学、德班理工大学和约翰内斯堡大学，另外还开设了五个孔子课堂。[14]中国驻南非大使馆教育处负责人宋波表示，南非是汉语教学开展比较早的非洲国家，并首先推动了汉语教学进入中小学课堂。近年来，中南人文交流活动频繁，教育方面的合作更是取得了丰硕的成果。⑮

南非一些高校也设置了中文专业，如 2009 年罗德斯大学孔子学院与其语言学院合作以"中国研究"（Chinese Studies）课程的方式开设了汉语学分课程。这是该校历史上第一次开设汉语课程。次年开设更高层次的课程，并获得南非高等教育部批准，中国研究课程被纳入罗德斯大学新的学科专业系列。罗德斯大学孔子学院汉语水平考试点也于 2010 年正式运作，首期开设了 HSK 和中小学生汉语考试（YCT）共两种四个级别的考试。⑯不难看出，罗德斯大学孔子学院十分注重遵循当地的教学传统，将汉语教学融入当地教育体系。罗德斯大学的学生一般有两个主修专业，他们可以将汉语作为第二个主修专业，将其和第一个主修专业相结合，更好地将汉语学习融入专业学习。除此之外，南非最大的电视公司已经开始向全国播放汉语教学节目。

南非各界对汉语的热情十分高涨。2017 年 4 月，南非开普敦华人警民中心开设第四期警察汉语培训班。此次培训班分初级、高级两个班，共有来自开普敦及周边地区 18 个警察局超过 40 名学员参加，为参训学员最多的一期。当年 10 月，在培训班结业仪式上，中国驻开普敦代总领事曹利说"开普敦华人警民中心等华人社团与开普敦和西开普省警方都建立了密切的合作关系，这对维护华侨华人的生命和财产安全非常重要"。西开普省警察厅人力资源部负责人科策·夏洛特则表示，学习汉语这一新语言、新文化，"将有助于我们更深入了解华人社团，以便更好地为他们的合法权益提供保护"⑰。从南非约翰内斯堡机场到市内的高速路上，中国元素的广告牌屡屡映入眼帘，中国制造也走入了南非寻常百姓家。由此可见，语言互通拉近了两国人民之间的关系，密切了情感互动，加深了情感交流，充分体现了"一带一路"所提倡的"民心相通"之道。

4. 结论

南非是一个民族、种族、语言、文化构成极其复杂的国家。国内既没有普遍认可的族际通用语，也没有一门完全中立的语言；国民既不共享辉煌的过去，也未能在历史进程中创造出公认的规范和价值。取而代之的是一个充斥着不平等、冲突与歧视的极端分化的社会。种族隔离制度打造的语言壁垒将南非社会"部族化"和"种族化"，强化了语言族群身份认同，并不利于国家民族建构。南非走过历史上的种族隔离时期，"种族"依旧是现代南非一个不容忽视的社会因素。新时代的南非站在世界舞台上，必须摒弃过去狭隘的民族和语言理念，抛弃语言与非语言因素之间的人为绑定，以兼容并包的胸怀迎接世界其他国家语言和文化，为"彩虹之国"的多彩绚烂增添更加鲜亮的色彩。

[注　释]

①有色人种即南非混血种人，是早期欧洲移民与非洲当地人或亚裔奴隶的混血后代。绝大部分居住在西开普省，讲阿非利堪语，信奉荷兰归正教。"有色人"这一称谓虽带有种族歧视色彩，却沿用至今。

②阿非利堪语是一种荷兰语变体，在非洲大陆之外尚无人使用。如果仅从文化角度，而非语文学角度考虑，阿非利堪语完全可以被视作一种非洲语言。

③19 世纪,南非荷兰移民后裔常被称作布尔人,意为农民。20 世纪早期,他们开始自称为阿非利堪人,意为非洲本地人,以阿非利堪语为母语。

④南非联邦包括开普省、德兰士瓦省、纳塔尔省和奥兰治自由邦。

⑤阿非利堪民族形成于南非被殖民统治的过程中,这个白人群体非但未被同化,反而发展成炮制出种族隔离制度的独特民族。出于对种族主义的鞭挞,学术界对阿非利堪民族鲜有全面评价。种族隔离制度实质上是阿非利堪民族主义蜕变到种族主义的产物。

⑥夸祖鲁—纳塔尔大学设在夸祖鲁—纳塔尔省,祖鲁族是省内人数最多的民族,祖鲁语是使用人数最多的本土语言。

⑦综述:多元化的南非中文教育。参见 http://news.163.com/08/0627/11/4FEKVQ9D000120GU.html,2019 - 01 - 20。

⑧South Africa Welcomes Chinese Language Influence in Schools. 参见 https://www.voanews.com/a/south - africa - welcomes - chinese - language - influence - in - schools/1867975.html,2019 - 01 - 10。

⑨南非基础教育部发布《汉语作为南非学校第二语言教学大纲》。参见 http://www.teachingchinese.net/?p=13344,2019 - 01 - 20。

⑩南非学习中文人数为非洲之首。参见 http://www.nanfei8.com/huarenzixun/shetuanhuodong/2016 - 02 - 22/27223.html,2019 - 01 - 07。

⑪Mandarin in South African Schools Moves Forward. 参见 https://businesstech.co.za/news/general/117044/mandarin - in - south - african - schools - moves - forward/,2019 - 01 - 20。

⑫汉语教学纳入南非国民教育体系。参见 http://www.xinhuanet.com/world/2016 - 08/15/c_129228808.htm,2019 - 01 - 21。

⑬汉语热在南非持续升温 政府机构和民间开设的汉语学习班几乎"供不应求"。参见 https://baijiahao.baidu.com/s?id=1606863660153695464&wfr=spider&for=pc,2019 - 01 - 05。

⑭参见国家汉办官网 http://www.hanban.edu.cn/confuciousinstitutes/node_10961.htm,2019 - 01 - 28。

⑮南非学生谈学汉语:中国文化博大精深 自己世界变得宽广。参见 http://www.chinanews.com/gj/2017/08 - 06/8296809.shtml,2019 = 01 - 31。

⑯南非罗德斯大学孔子学院。参见 http://www.hanban.edu.cn/node_6777.htm,2019-01-31。

⑰南非警察汉语学习班受欢迎。参见 http://www.xinhuanet.com//world/2017-10/18/c_1121821291.htm,2010-01-31。

第三节　刚果（布）马利安·恩古瓦比大学孔子学院汉语教材使用情况调查

本节针对刚果（布）马利安·恩古瓦比大学孔子学院的汉语教学教材《轻松学中文》第二、三、四和五册的使用情况进行研究调查，一方面了解学生对教材的满意度；另一方面了解该教材能否帮助学习者实现自己学习汉语的目的。通过问卷法、访谈法和分析法，我们调查分析了88名初级和中级学习者对《轻松学中文》满意度的反馈，发现学生对教材的词汇及课文内容方面比较满意，但是对语法、练习及文化方面不太满意；分析教师的访谈数据则发现教师在对教材进行优化使用处理方面亟待加强。

1. 引言

随着中国经济的发展、国际地位的提升，全球孔子学院数量逐年递增，汉语得以在世界各地不断推广。全球汉语学习者越来越多，汉语教师队伍不断壮大，汉语教学的方法及手段也持续革新，服务于全球汉语教学的各类汉语教材种类繁多，且日新月异，尤其是步入21世纪以来，全球汉语教材在数量、种类和质量等方面都展现出跨越式发展态势。然而，即便如此，由于世界各地的汉语学生在教学背景、教学条件、母语环境、学习需求、学习目标等方面存在差异，目前的国际汉语教学资源还远远不能满足全世界对汉语学习的多种需求。比如"教材媒介语还不够丰富,不同国家地区的区域性、本土性教材数量和种类不够,尤其是'一带一路'国家或地区中,有些国家或地区还没有适用教材;相对于通用汉语,专用汉语教材远不能满足需求;适合不同年龄段尤其是少年儿童的教材资源还不够;适用不同对象多种需求的多媒体教学资源,尤其是互动性、社交性网络资源更是奇缺"(周小兵,2018)。

刚果(布)马利安·恩古瓦比大学孔子学院(以下简称恩大孔院)目前就面临现有教材不能满足学习者学习需求的现实问题,该孔子学院自建院以来一直以《轻松学中文》作为其最主要的汉语教学教材。该教材在国际化方面特点突出,是一套在全球使用范围较广且反响很不错的教材,但是恩大孔院仍时常有学生抱怨这套教材在使用中所带来的不便和各方面的不尽如人意,究竟是为什么呢?笔者来中国深造之前,即为该孔子学院的学员,对于恩大孔院及当地学习者的情况等信息了解深入并有亲身体会。现作为一名汉语国际教育专业硕士研究生,笔者希望通过本研究找到这一问题的答案。

2. 教材评估和实用性相关研究

目前国际汉语教材研究日渐成为汉语教学领域备受关注的研究热点。学者对汉语教材评估持有不同的观点和视角,涉及教材评估标准、范围、原则等各项评估因素。对外汉语教材评估研究成果的不断积累,有助于提高对外汉语教材的水平和质量,更加有助于构建科学完善的汉语国际教育教学资源体系。

关于教材评估标准,学者们认为要评估一部对外汉语教材，首先应考察和评判该教材编写所依凭的语言本体理论、语言教学理论和语言学习理论等各项理论基础。例如，周雪林（1996）就提出六个方面的教材评估标准，其中包括教学与教学理论的关系、教学与教学大纲的关系、教材与学习者的关系、教材的选材问题、教材结构设计问题、配套教材。再来看教材评估范围，魏红（2009）认为教材评估涉及教材的结构与编排、词汇、语法点、课文、练习和版面设计六个方面。赵金铭（2011）指出教材评估范围可以包括很多维度，如教材编写的指导思想、编写原则、目标定位、知识传授和技能、目的语文化的体现、课文语言实用性和规范性、内容编排的科学性和趣味性、语法点的融入量和编排顺序是否合理、生词量及重现率是否适当，语法注释是否简明准确等。其中，教材编写原则评估是十分重要的环节，束定芳（1996：307）总结并提出教材编写的"五大原则"：系统原则、交际原则、认知原则、文化原则和情感原则。刘珣（2000）更加明确了教材编写原则应当体现出针对性、实用性、科学性、趣味性和系统性等方面。

  在以上编写原则中，教材的实用性是评估一套教材时十分重要的一个参项。考察汉语教材的实用性可以从以下这些方面出发，比如该教材在使用中，学生认为是否实用，教材的各个方面是否很受欢迎，是否贴近他们的日常生活和实际情况。由此，教材的实用性标准问题也是一个不可忽略的教材研究理论热点。教材实用性的强弱直接关系到教学效果，一部教材如果实用性很强，就可以满足学生的学习需求，并且能激发他们的学习兴趣；而如果一部教材的实用性不够强，就可能难以满足学生的实际需求，从而兴趣寡然。那么，如何评价一部教材是否能够满足学习者的需求呢？李泉

（2007）认为满足学习者实际需求的教材应遵守教材实用性的基本要求，即教材的内容应符合学习者的目标需求，教材的编排应有利于教师的教和学习者的学，教材的内容应对学习者有用，教材编排好教易学。由此可见，一部教材的实用性可以从教材内容及编排角度出发，通过调查使用者的满意度来进行评估。

如果说对教材总体设计方面的评估可让教材编写者更加了解教学对象、学习目的、学习者语言水平、适用课程、选择和规定教学内容（语言要素）、语言技能、语言交际技能、语用规则教学和文化背景等内容，那么针对教材实用性和使用现状的调查研究则可为教材资源的优化选择和合理利用提供直接参考。

3. 恩大孔院《轻松学中文》教材使用情况调查

恩大孔院根据学生的学习水平和学习进度，将学生分为六个年级。自2014年建院以来曾先后使用的汉语教材有三种，包括《轻松学中文》《跟我学汉语》《当代中文》。《轻松学中文》这套教材是由北京语言大学出版社出版，由马亚敏、李欣颖编著的，于2007年7月发行第一版，2015年2月重印。《轻松学中文》是专门为非汉语母语中小学生设计编写的汉语教材，旨在帮助外国学习者获得扎实的汉语基础。《跟我学汉语》是由国家汉办开发的，于2013年由人民教育出版社出版，针对零起点至中级汉语水平学习者，且专门培养海外中学生汉语学习兴趣。《当代中文》是由华语教学出版社于2010年出版，由吴中伟主编的，是专门面向以法语为母语的初级汉语学习者设计编写的教材，旨在培养他们的汉语听、说、读、写的各项能力。

2017年孔子学院将初级水平一年级教材由《当代中文》替换为《跟我学汉语》，其他年级一直以来都是使用《轻松学中文》这套教材，如初级水平二年级使用第二册，三年级使用第三册；中级水平四年级是第四册，五年级和六年级则都使用第五册。由此可见，《轻松学中文》教材是恩大孔院最主要的汉语教材，这套教材的实用性直接关系到恩大孔院的汉语推广和传播、汉语教学质量、学习效果、学习目标的达成等方面。因此，师生对教材的期望较高，希望教材能够最大限度地满足使用者的学习需求，与学习者的学习目标高度一致，从而有助于培养高水平的汉语各项技能和语言交际能力。本文针对《轻松学中文》教材在恩大孔院的使用情况进行考察，通过调查问卷收集恩大孔院学生对该教材的满意度情况并进行数据分析；此外，对恩大孔院的教师进行电话访谈，从而收集教师对该教材的满意度和教材使用的反馈意见。

3.1 问卷调查对象介绍

本次问卷调查对象来源包括两类：一类是目前的恩大孔院初级和中级的汉语学习者，共有62名，年龄在20岁左右，分布于二至四年级，这三个年级使用的教材是《轻松学中文》；另一类是2014—2017年曾在恩大孔院学习汉语的学习者，共有30名，他们目前已经来到中国深造，年龄在20~28岁。在问卷的发放与回收方面，本文通过问卷星平台共发放了92份调查问卷，收回92份，有效问卷88份，问卷有效率为95.65%。

首先，参与此次调查的汉语学习者性别和年龄分布如图1所示。

图 1　调查对象的性别和年龄分布

根据图 1 可知,受调查者中男生比例高于女生,但男女生人数差异不大。从年龄分布看来,21~25 岁年龄段的受调查者比例最高,达到 61.36%;其次是 26~30 岁的受调查者,占比为 23.86%。其余年龄段比重都很低,尤其是 31~35 岁。可见,参与调查者都比较年轻,他们主要来自大学,少数仍在高中、初中学校就读。由于大部分参加者都是学生,所以不仅学习汉语的愿望强烈,而且学习目标明确、志向长远。

其次,图 2 显示了学习者的汉语学习动机和学习目的调查情况。

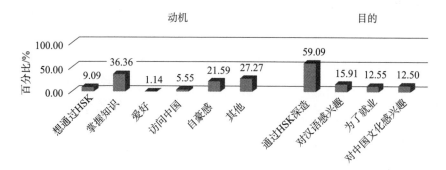

图 2　学习者汉语学习动机和目的调查情况

从图 2 中可以看出,所列各项学习动机中占比最高的是"掌握知识"这一项,也就是说,多数学生认为决定学习一门外语首先是要掌握语言知识,培养语言能力,提高自己的语言水平。此外,有 27.27% 的人选择了"其他"动机的选项,可见他们不确定或者不太愿意将自己汉语学习动机公开。

在学习目的方面，调查显示，除有少数学习者分别选择了"对汉语感兴趣""对中国文化感兴趣""为了就业"等选项且比例相差不大以外，有高达59.09%的人选择其学习汉语的目的是"通过HSK深造"。这也是分布中占比最高的选项，从而充分说明恩大孔院学生学习汉语的目的绝大多数是通过HSK深造。他们认为通过了HSK考试，就能够获得千载难逢的机会到中国求学深造。

3.2 《轻松学中文》教材使用情况调查

3.2.1 针对恩大孔院汉语学习者的问卷调查

本次问卷调查针对《轻松学中文》教材第二至第五册的词汇、课文、语法、练习、文化等方面，设计了调查问卷内容，试图从各个项目上全面了解学习者对这一教材使用上的反馈意见和满意度情况。调查问卷包括五个部分：①介绍本次调查研究的价值和意义；②调查对象的基本信息，如性别、年龄等；③调查学习者的汉语学习动机和学习目的；④调查学习者对《轻松学中文》教材的反馈意见和满意度情况；⑤致谢。此外，本文在选项设置上采用五度量表，调查问卷语种为法语，共设有12个单选题和2个多选题。

词汇方面

（1）"我"认为《轻松学中文》教材的词汇释义翻译得很准确。

（2）"我"确认《轻松学中文》教材的词汇注释很清楚，很容易懂得。

（3）《轻松学中文》教材的词汇量能够满足"我"能够通过HSK（四/五/六级）考试的需求。

课文方面

（4）《轻松学中文》教材的课文话题跟"我"的日常生活有关系。

（5）《轻松学中文》教材的课文内容以及话题跟刚果（布）当地状况有关系。

（6）"我"确认《轻松学中文》教材的课文内容丰富，可以满足 HSK 考试的需求。

语法方面

（7）"我"确认《轻松学中文》教材的语法知识点不仅实用，而且它的释义容易懂得。

（8）"我"确认《轻松学中文》教材的语法知识点满足 HSK 考试的需求。

练习方面

（9）《轻松学中文》教材的练习不仅设计适中，而且满足"我"学习汉语的基本需求。

（10）"我"确认《轻松学中文》教材的练习量、练习题型满足 HSK 的要求。

文化方面

（11）《轻松学中文》教材的文化内容有没有涉及刚果（布）文化的一些内容？

（12）《轻松学中文》教材中文化知识的多少满足 HSK 考试的需求吗？

按照五度量表，本次问卷调查针对各个问题所设答案选项分为：A（完全不/没有）、B（不/没有）、C（一般）、D（很有/满足/同意）、E（完全有/满足/同意）。亦即 A 选项和 B 选项指的是不满意，C 选项是中间状态，D 选项和 E 选项都是满意。表 1 是调查所采集到的来自恩大孔院汉语学习者对于这一教材使用情况意见反馈和选项分布数据。

表1　学生对教材各部分的意见　　　　　　　　　%

项目	题序	A	B	C	D	E
词汇	第1题	1.14	32.95	34.09	22.73	9.09
	第2题	0	15.91	44.32	20.45	19.32
	第3题	5.68	46.59	30.68	12.5	4.55
课文	第4题	17.05	7.95	13.64	29.55	31.82
	第5题	87.05	10.23	0	0	2.27
	第6题	6.82	47.73	25	15.91	4.55
语法	第7题	5.68	23.86	44.32	19.32	6.82
	第8题	3.41	55.68	22.73	13.64	4.55
练习	第9题	11.36	59.09	26.14	2.27	1.14
	第10题	12.5	45.45	38.64	3.41	0.0
文化	第11题	77.27	5.68	10.23	4.55	2.27
	第12题	5.68	25	44.32	18.18	6.82

从表1中学生对教材各项目满意度的选项分布可以发现，整体看来，A选项和B选项（不满意）比例分布超过20%的多，共有10个数据，其中A选项（完全不满意）甚至出现87.05%和77.27%的高比例值；其次是C选项（中间状态）选择比例分布中超过20%的共有9个数据；而D选项和E（满意）选项比例分布中只有4个数据超过了20%，其他比例数值都很低，低于5%的数据共有11个。由此说明恩大孔院

的学生对《轻松学中文》并非满意，以如下分析为例：

（1）有关教材的词汇项目，问卷设置了三道题。第1题旨在调查学习者对教材中词汇释义翻译的评价，第2题调查教材的词汇注释是否易懂，第3题是调查教材的词汇量能否满足学习者通过HSK考试的需求。关于词汇释义的翻译，有34.09%的学习者对翻译的准确性持一般态度，32.95%的学习者选择了不太满意，认为词汇翻译得不太准确。在词汇注释方面，有44.32%的学习者表示一般，15.91%的学习者选择不太满意，认为教材词汇注释一般，设置得不太清晰，且词汇有一定的难度。换言之，恩大孔院学生对教材词汇释义和注释的满意度都表现很一般。

关于HSK，调查表明《轻松学中文》的词汇量不能满足HSK的词汇需求，因为有46.59%的学生产生负反馈。学生认为，词汇量的缺乏，不能帮助他们实现学习汉语的目的。马亚敏和李欣颖（2014）提出，《轻松学中文》第1~8册只包括1 600个左右的汉字，第2册可掌握400个汉字；第3册可增至600个汉字；第4册可增至800个汉字；第5册可达到1 000个汉字；第6册可达到1 200个汉字，到第8册可完成1 600个汉字的学习。与许琳（2014）《国际汉语教学通用课程大纲》（以下简称《大纲》）相比，学生应该掌握汉字2 500个左右，能学会5 000个词汇。换言之，在初级，一级应掌握汉字和词汇150个左右，二级应学习大致300个汉字，及150个左右的词汇；在中级，三级要求掌握600个汉字和300个左右词汇，四级应该掌握约1 000个汉字，能学会600个左右的词汇；在高级，五级要学习汉字1 500个，词汇1 300个左右，六级应该掌握约2 500个汉字和词语。因此，学生难以凭借该教材通过高级考试并取得理想的成绩。

（2）在教材的课文方面，共设有三道题。调查数据显示，关于课文话题与日常生活的关系，有61.37%的受调查者选择了D、E选项，即对课文表示满意，学生认为课文很贴近自己的日常生活。但在课文话题与本国国情或HSK考试内容的关系方面，调查数据凸显出满意度低下，其中有97.28%的学习者表示《轻松学中文》跟刚果（布）国情和当地状况基本没什么关联，54.55%的学生认为教材课文没有结合HSK水平考试的相关内容，因而这两项呈现出消极反馈的态势。

（3）在教材语法方面，共设两道题。第7题是有关《轻松学中文》的语法知识点是否实用以及释义是否易懂，数据显示有44.32%的学习者选择中立选项C；此外持满意态度和不满意态度的学习者占比相当。第8题是调查教材的语法知识点是否能满足HSK考试需求。数据反馈有55.68%的学生选择了不满意的B选项，另有22.73%的学生选择了中间态度，可见受调查者中有近八成都感到《轻松学中文》语法知识点远远不能满足学生备考HSK的需求。在对部分受调查者的访谈过程中，我们得知，正是由于教材的语法项目设置不尽如人意，恩大孔院学生在语法学习上会加强学习策略的综合运用，想方设法弥补此项不足。图3所示为学生通过日常搜集和积累，归纳整理出教材未尽收录的一些常用关联词知识点，以便能够达到HSK考试所要求的语法知识水平，从而在考试中能够取得理想的成绩，由此可以更加深入地了解到学生因教材语法知识不足而产生的困惑和不满。

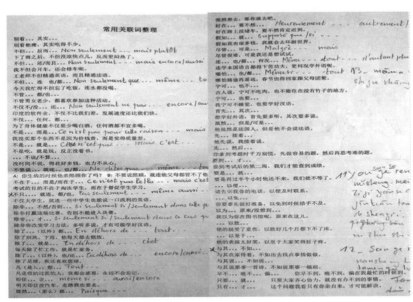

图 3　受访学生自制的语法点补充清单例证

（4）在教材练习方面，设有两道题。调查数据表明，学习者认为本教材的练习设计不够适当，因为有超过70%的受调查者都选择了不满意的选项。不仅如此，有57.95%的受调查者认为教材的练习设置不能满足学习者通过HSK的实际需求。董明、桂弘（2005）曾指出："练习题的部分题型应与汉语水平考试（HSK）的题型接轨。"该教材的练习设置有些偏离学习者通过HSK考试的学习目标，所以很容易让学习者产生这样的消极反馈。

（5）在教材文化项目方面，共设两道题。第11题是调查教材文化内容方面是否与刚果（布）文化相联系，第12题是调查教材文化内容与HSK考试中所涉及的文化考点的关联是否紧密。对于第11题，调查结果显示82.95%的参与者认为《轻松学中文》的文化内容与刚果（布）文化内容几乎没有关联，教材文化项目的本土化程度非常低，且教材设计没能贴近刚果（布）本国的教学习惯。此外，有44.32%的受调查者在第 12 题选项中选择了中立选项即 C 选项，认为教材文化项目方面设计得一般，同 HSK 考试的文化考点关联并不十分紧密，对学习者达成通过 HSK 考试目标的作用并不凸显。

3.2.2 恩大孔院汉语教师访谈

本研究针对恩大孔院汉语教师的访谈内容主要包含这样几个部分：首先是有关《轻松学中文》教材的总体评价；其次是询问受访教师对该教材与 HSK 考试的关联度如何看待，并就他们如何优化使用并丰富该教材资源进行调查。访谈共有两个主要问题：

（1）在《轻松学中文》教材的教授过程中，您发现该教材有哪些优缺点，您如何评价该教材？

（2）为了丰富学习者的学习内容以及帮助学习者掌握所学内容、通过 HSK 考试，您会在教学手段和教学方式上如何设计和改进呢？

表 2 所示为访谈中收集到的反馈意见。

表 2　访谈中收集到的反馈意见

第（1）题	优点："词汇量多""课后有很多练习""是一套好教材""对 HSK 有帮助""让学生掌握最起码的汉语知识"。 缺点："练习题型不够贴近 HSK 内容""教材内容与日常生活有点差距""语法不够全面""语法知识点不够满足学习者的学习欲望""文化项目跟当地无关""远离当地人的生活情况"
第（2）题	5 位教师会经常参考其他汉语语法书弥补语法知识，例如《外国人实用汉语语法》《轻轻松松学语法》等。其他教师使用得很少

从表 2 第（1）题可看出，受访教师提到了教材的优缺点，但缺点相对多一些。与学生问卷调查结果相近，受访教师也指出"教材内容与日常生活有点差距""语法不够全面"

"语法知识点不能满足学习者的学习欲望"等缺点,但同时他们认同该教材"是一套好教材""对 HSK 有帮助""让学生掌握最起码的汉语知识"。

关于第(2)题,即是否采取措施弥补教材不足的方面,访谈发现受访教师分持两种不同观点和做法。有 5 位教师不经常参考其他语法材料来对知识点进行补充,他们认为没有这个必要。原因是该教材语法释义不太容易讲解,如果再参考和补充课外材料,势必增加学习者的学习压力和负担。他们认为首先应该保证学生能够充分掌握教材内的知识,牢固掌握之后方可进一步参考教材外的补充材料。与此相反,有 5 位老师认为参考补充教参教辅类资料是很有必要的。他们经常会在教学中参考各类汉语语法基础知识类工具书,如《外国人实用汉语语法》《轻轻松松学语法》《汉语语法指南》;还会参考对外汉语教学语法专业性质的教材教辅资料,如《语法讲义对外汉语教学》《外国人学汉语语法偏误研究》等。除此之外,他们还会查找有关 HSK 考试的专题类语法参考书籍对教材已有内容进行补充和发散。他们认为《轻松学中文》的语法知识点中有些并不那么好教易学,而在其他汉语语法教学材料或工具书中却可以发现相同的语法知识点被阐释得更为清晰易懂,凭借它们可大大提升他们的讲解效果和教学效率,何乐而不为呢?

3.3 调查结果分析

恩大孔院学生的汉语学习动机首先是想掌握汉语语言知识,但大多数学生的学习目的是通过 HSK 考试之后获得到中国深造学习的机会,学习者的学习动机与学习目的不可分。在此基础上,本文对恩大孔院汉语学习者的《轻松学中文》教材的使用情况做了调研,结果如下:

（1）在教材的词汇方面，《轻松学中文》教材本身词汇编写设计丰富合理。恩大孔院汉语学生对教材词汇还比较满意，尤其是词汇的释义翻译、词汇注释等部分。但该教材的词汇量不满足通过 HSK 的需求，词汇与 HSK 考试内容结合不够，《轻松学中文》教材的词汇量达不到 HSK 考试大纲的标准。

（2）在教材的课文方面，《轻松学中文》教材的课文内容、话题等都编写得适中，设置也适当。恩大孔院学生认为该教材课文十分满足学习汉语的需求，且课文内容、话题等也很贴近日常生活。不过，学生反映《轻松学中文》的课文内容没有结合刚果（布）本土情况，很少反映出当地的信息，如文化项目、饮食内容、信仰、交通、家庭、教育、人际关系等，对这一方面学生感到比较失望。

（3）在教材的语法方面，《轻松学中文》是一类具有代表性的对外汉语教材，有很高的针对性、很强的实用性。但是在恩大孔院学习者看来，教材的语法项目编写方面（如注释、释义等）还不够令人满意，还存在不足，不能满足他们通过 HSK 的学习需求。因此，很多学生自己想方设法弥补这些不足。

（4）在教材的练习设置方面，《轻松学中文》的练习比较丰富和多样化，每单元的课程练习都很多，但学生认为教材练习部分的实用性一般，不太符合自己的学习习惯。此外，调查显示，教材的练习设计与 HSK 考试有距离，远不能满足学生通过 HSK 考试的需求。

（5）在教材的文化方面，总体来看，《轻松学中文》多注重中国文化习俗，有助于学生了解中国文化，但教材文化内容的设置较 HSK 考试中的文化项目有一定的差距，学生表示不满意。除此之外，教材没有涉及并结合刚果（布）的文化，例如宗教、饮食习惯、环境等方面,而文化素养的培养对于学习者掌握一门语言起着十分重要的推动作用。

总之,教师访谈结果显示,《轻松学中文》教材优点和缺点共存这一点是公认的,但不同的教师在对教材优化处理方面存在差异。研究表明,50%的教师认为参考补充材料会增加学习者的学习压力或者负担,其他教师则不赞同这种观点,认为补充材料很重要,有助于更好地满足学生的学习需求。

4. 对教材的意见和使用建议

经过此次调查研究可知,恩大孔院学生对该教材表示基本肯定,但仍有诸多不满意之处,如语法项目、练习与文化等方面的编写设置不尽如人意。众所周知,任何对外汉语教材都不是完美的,没有任何一本教材可以满足所有学生的学习需求。针对不同的学生,在教材内容或是教学内容的安排上都需要进行取舍和调整,以便于适应学习者的不同需求。因而,根据调查结果,针对《轻松学中文》在教材修订和使用方面,本文尝试提出以下建议:

(1)在教材修订方面,建议提升教材的国别化与本土化程度。《轻松学中文》很注重语言要素与文化项目的结合。该教材面向国际汉语学习者,但仍需进一步加强对世界上不同地区的学习者学习特点的全面考察。调查表明,教材不够满足刚果(布)当地学习者的实际需求和学生特点。因此,我们认为《轻松学中文》教材在提升国别化本土化方面仍有诸多值得修订完善的空间。

(2)在教材使用方面,授课教师优先采用恩大孔院推荐的汉语教材,充分了解当地学生的学习习惯、学习特点以及思维方式,还可适当考察和比较其他学院,如俄文文化中心、西班牙语文化中心等所用的语言教材。教师有义务明确学习者的学习需求，并由此灵活地调整教材内容，这一方面可以增减需要教授的内容知识，另一方面也要积极参考相关的汉语材料来补充和丰富教学材料。

（3）提倡教师对教材进行合理利用和优化处理。教材本身只是一种教学参考材料，也就是说，不是教学条件、现实、需求来适应教材，而是教材应该适应教学的不同情况。教师应该减少对教材使用的依赖，不要把教材作为学生的唯一教学资料。盛双霞（2006）、王艳琳（2012）都曾批评过这种传统使用教材的方式，并推荐教师多采用对教材优化处理的基本原则，包括活动性、情感性、开放性和趣味性等。

（4）加强有关 HSK 考试的教学活动。由于调查显示，通过 HSK 考试是恩大孔院大多数学生学习汉语的主要目的，所以恩大孔院很有必要增设有关 HSK 考试的教学设置，改进现有的教学。比如，教师可以为学生提供丰富的 HSK 考试相关资料，组织并开展与 HSK 考试相关的教学环节，将课堂练习和作业布置与 HSK 考试形式有机地结合等；期末考试可以与 HSK 考试内容有所结合，甚至个别班级根据学生需求可将期末考试内容完全改成 HSK 考试试题。教师还可以为学生开设专门的 HSK 课程，采用专门的 HSK 考试类教材，同时也可参考多种对外汉语教材资源来帮助学生奠定扎实的语言基础，比如《外国人实用汉语语法》《词汇突破》等。

（5）恩大孔院可以考虑将《轻松学中文》与 HSK 考试类教材并用。这样一来，学生不但可以学会并掌握汉语知识，还可以获得考试的能力和技巧。或者恩大孔院推荐更为合适的、与 HSK 考试内容联系更加紧密的教材作为教学的主要教材。另外，恩大孔院还可以建设网络教学资源平台来帮助学生学习汉语以及获取 HSK 考试的相关内容,甚至可以进行在线自我测试。比如尼日利亚拉各斯大学(University of Lagos)孔子学院,为了帮助学生提高自己的 HSK 水平,就建设了一个汉语学习的网络互动平台来让学生们进行 HSK 考试的练习。这样一来,纸质教材方面的不完善之处就不足以成为干扰学生们学习目标达成的重大影响因素了。

第四节 尼日利亚汉教志愿者跨文化适应问题及对策的研究

海外汉教志愿者的跨文化适应情况直接影响到他们的教学水平、工作状态、人际关系甚至身心健康等方面。目前学术界针对汉教志愿者的跨文化适应研究数量较少。本节作者参照 Hall Bradford（2003：243）在《跨文化障碍：传播的挑战》中提到的 Louis 惊奇和理性寻求模式，对赴尼日利亚的汉教志愿者进行了为期六个月的研究。研究采用问卷调查和访谈结合的方式，将跨文化分为工作、生活和心理三个维度进行调查。研究发现，赴尼日利亚志愿者的困扰主要是当地教学设施的匮乏、私立学校学生难管理、语言与口音有一定障碍、饮食习惯不同、空气污染严重、交通堵塞、部分商品购买不便、待人接物的文化差异等。文章结合实际调查反馈，提出志愿者跨文化适应的对策以及一些可供参考的建议，希望更多人能够了解尼日利亚的实际情况，吸引更多志愿者前往尼日利亚，促进尼日利亚汉语教育事业的发展。

1. 引言

汉语已经成为时下最热门的语言学习目标之一，随之而来的是汉语教师志愿者队伍迅速发展。关于汉教志愿者跨文化适应的文献很少，特别针对非洲某一国别的研究更是少之又少。所以本文针对尼日利亚汉教志愿者跨文化适应进行了研究，以便为赴尼日利亚的汉教志愿者提供参考，帮助他们快速高效地适应当地环境、投入工作，从而推动汉教事业的可持续发展。本研究的目的是调查尼日利亚汉教志愿者跨文化适应情况，分析跨文化适应问题，并且提出相应对策。试从志愿者的工作适应、生活适应和心理适应三个角度探析汉教志愿者在尼日利亚是否适应、具体有哪方面适应、哪方面不适应以及其适应或不适应的程度。然后为志愿者提出参考建议。

2. 理论依据

美国人类学家 Red Field（1936：149-152）提出跨文化适应是具有不同文化的、由不同个体组成的两个群体之间发生持续性的、直接的接触过程中，导致双方或是一方原有的文化模式产生变化的现象。Black J. S.（1991：291-317）将跨文化详细地划分为三个维度：一般性适应（general adaptation）、交往性适应（interact adaptation）和工作性适应（work adaptation）。Hall Bradford（2003：243）在《跨文化障碍：传播的挑战》中提到了 Louis 惊奇和理性寻求模式。这种模式下的跨文化人群可能会很明显地感受到母文化和异质文化的差别，并且感到惊奇，但他们会逐渐找出原因，并理性地看待变化，做出总结。

关于影响跨文化适应的因素，学界基本认同可将跨文化适应的因素分为外部因素和内部因素。外部因素主要有价值观念的影响、文化差异，社会支持网络和环境变化；内部因素是民族主义、刻板印象和歧视与偏见以及评价和应对方式。然而，也有学者从其他角度表示不同的观点，如陈为春（2009）将跨文化适应的影响因素分为宏观因素和微观因素，即宏观因素是社会因素（异质文化社会的政策、职业地位、社会性别观念等），微观因素是个体特征（性别、年龄、国别、婚否等）。

3. 研究方法

本文采用问卷调查和访谈相结合的方式。该问卷分为两部分。第一部分的问题针对志愿者的个人基本情况，包括志愿者的性别、年龄、婚姻状况、志愿者受教育水平、专业背景和语言能力、个人的汉语教学经验和海外经历，以及目前的工作情况。第二部分涉及被试在尼日利亚生活、工作和心理适应问题，使用了李克特量表（Likert Scale），从工作适应、生活适应、心理适应三个维度展开调查。调查问卷随机发放给位于非洲尼日利亚两所孔子学院的现任汉语教师志愿者，收回有效问卷十五份。本次调查研究使用网络问卷发放软件，该软件自带数据统计功能。此外，利用 SPSS 软件计算数据的均值、标准差、方差、t 值以及 p 显著性，从而分析受试者的跨文化适应程度。

访谈分别于志愿者抵达尼日利亚的第一个月、第三个月和第五个月进行。首次访谈内容包括前往尼日利亚之前的准备、对尼日利亚的设想、初期工作的开展情况、工作压力大小、对当地本土饮食的评价，以及抵达尼日利亚以后的心情与精神状态；第二次访谈基于本研究问卷调查结果展开进一步的调查，更详细地了解志愿者在抵达尼日利亚并度过一段时间以后的情况。询问了志愿者对其教学效果的评估、难点的发现、对教学环境的评价、对购物环境及商品的评述、与当地人的沟通情况、文化差异、对尼日利亚的预想与抵达尼日利亚以后的感受是否有差异、个人发展和心情状况等；第三次访谈的问题以之前的两次访谈为参照，对志愿者的现状进行调查。主要调查志愿者在工作完成一半时的状况。访谈内容侧重志愿者有什么新的感受或体会、在什么时候会想念家人、对现阶段在尼日利亚的生活是否满意、对于非教学类的工作的是否接受、孔院的具体活动的参加情况如何、对未来有什么规划、对孔院培训有什么建议等。

4. 研究发现与讨论

尼日利亚的汉教志愿者在工作、生活和心理方面适应程度均较好。

（1）赴尼日利亚的汉教志愿者在工作方面主要面临的挑战是适应当地教学环境。从大环境看，尼日利亚国家及政府比较重视汉语，当地人普遍尊重汉教志愿者。但尼日利亚整体的教学设施和中国国内有一定区别，例如缺少多媒体设备、室内温度高等。有的教师认为当地教学条件对教学造成了困扰，有的教师则不这样认为。从小环境看，学校和孔院确实对志愿者的工作和生活给予了很大的帮助，尤其是对志愿者的工作强度和时长安排比较合理。我们可以比较志愿者工作时长与国家统计局公布的工作时长，2019年3月14日，中国国家统计局发布了《1—2月经济运行总体平稳（2018）》报告*，其中提到，全国企业人员周平均工作时间为44.9小时，每天平均工作时间为8.98小时。相比中国国内国企人员每天的工作时长，赴尼日利亚的汉教志愿者每天工作时间不长，休息的时间比较充裕。在工作中，中国志愿者与尼日利亚同事的相处比较融洽，但志愿者明显感受到当地同事的办事效

---

* 参见国家统计局网站 http://www.stats.gov.cn/tjsj/sjjd/201903/t20190314_1653894.html。

率较低、时间观念差、经常迟到、不能按时完成工作。

除与同事们的相处，从问卷调查反馈中可以看出，部分教师并不是非常喜欢和尼日利亚的学生聊天，有的教师不会定期组织汉语小测试或课后辅导汉语基础较差的学生，部分教师甚至不喜欢学生提问。志愿者教师面对异国学生，可能会因语言差异、社会距离等不适而不愿与学生有过多接触，到点上课，完成课堂教学任务就离开。问卷调查结果印证了该发现。问卷调查显示，五名不喜欢和学生交流的志愿者中有三人可以用英语进行简单交流但有一定困难，其他两人可用英语进行日常沟通，可达到自由交流的程度。由此可见，志愿者的英语交际能力对他们是否愿意主动与当地学生沟通交流有一定影响。

总的来说，志愿者的工作适应水平较高。在跨文化过程中遇到的问题不多，且比较容易克服。

（2）生活适应方面相比工作适应涉及的问题更多，主要是气候、居住环境、语言、饮食、购物、交通等方面。首先，志愿者需要适应的是气候与社会环境。正如周秀慧（2007）指出，尼日利亚从南至北经热带季风气候到热带草原气候，主要气候类型是热带雨林气候，热量和光照资源较充足，总体高温多雨。尼日利亚全年温差小，平均气温为 26~27℃，所以尼日利亚的气候并没有很多人想象中那么炎热。接受问卷调查的十五名志愿者中也仅有一名志愿者表示不习惯当地气候，多数志愿者在气候方面适应困难不大。吕俞辉和汝淑媛（2012）在《对外汉语教师海外工作跨文化适应研究》文中提到10.7%的海外教师认为住房问题是他们在海外难以适应的。他们认为教师对住宿环境的适应度跟任教国家对教师这一职业的尊敬程度有关。由于赴尼日利亚的汉教志愿者由任教机构统一安排住宿，居住的环境和安全都有一定保障，每位志愿者都有独立的房间，公寓设施、厨房卫浴设施齐全。志愿者居住的舒适度有一定的保障。社会环境也并非网络或影视剧中反映的那么危险，多数志愿者认为尼日利亚社会相对安全。另外，调查反馈显示志愿者们习惯尼日利亚停水停电，但事实上据现任志愿者反映，目前尼日利亚的公共设施已有了很大的改善，暂停水、电、网的供应情况并不多，且每次出现持续时间非常短，对正常生活几乎没有影响。需要克服的问题是居住地没有安装空调，厨房设施和国内有一些差别，网络速度有时非常慢。

关于沟通，四名志愿者均表示，虽然尼日利亚的官方语言是英语，但是他们的英语带有一些口音，有时候有一些难懂。如果耐心听当地人多说几次，就能听懂了。经过一段时间的相处，志愿者大概能够记住一些尼日利亚口音的单词，所以沟通起来问题不大。仅一位志愿者在关于文化差异的访谈问题中提出了语言不解之处，她认为尼日利亚人在他人打喷嚏或生病的时候说"sorry"很奇怪。其实这个问题属于英语常识性问题，因为英语中的"sorry"除表示抱歉之外，在他人遇到不好的事或身体欠佳时还可以表达问候和关怀。志愿者提出这个文化差异，可能是因为志愿者的英语水平不高，对英语日常用语掌握情况需提高。这一点进一步证实了英语水平对尼日利亚汉教志愿者跨文化适应的重要性。

跨文化适应过程中饮食适应是最重要的内容之一。前文提到了非洲地区汉语教师饮食方面的适应性困难在所有海外汉语教师中最大，许多志愿者反映当地人在烹饪过程中会加很多特殊的香料，这对于很多中国人来说，口味过重、过辛辣。问卷调查结果体现出志愿者对当地饮食的适应情况较好，可能因为志愿者们全体选择自己亲自做饭或者集体做饭然后分享。

当地学校每周会派专车接送志愿者购物，购物地点都是连锁大超市。此外，尼日利亚进口商品种类多、品质有保障，志愿者都非常满意。虽然蔬菜价格贵，是中国国内的几倍，甚至十几倍，但中国政府给志愿者发放的生活补助完全能够满足志愿者日常购物所需。志愿者在尼日利亚购物没有大困难，需要克服的是衣服、化妆品、护肤品等产品购买有困难，以及购物车程长。

有一个被志愿者高频提起的文化差异是尼日利亚人"索要"礼物的习惯。三名志愿者称当地人会主动询问他人是否愿意把某一物件作为礼物赠送。让志愿者感到困惑的是，当地人索要的物件可能是水杯这一类已经被他人经常使用的物品。当地教师称尼日利亚人"索要"礼物就如同打招呼。如果志愿者觉得不适，可以直接拒绝，不用感到尴尬或者不好意思。

此外，本研究出现两个意料外的问题。第一，尼日利亚空气污染非常严重，空气质量比中国北京糟糕。第二，尼日利亚交通堵塞严重，出行不便。空气与交通状况差的原因是汽油价格便宜，汽车数量庞大，不合格的廉价进口二手车泛滥。志愿者反映堵车的情况每天都会发生，有时候是因为车辆过多、道路狭窄，有时是因为下雨造成路况差，当然也不排除交通管制不当等原因。据三名志愿者反映，从住所到教学点，路程不长。三十分钟的路程可能因为堵车变成两三个小时，堵车的时候情绪的控制和时间的管理对于志愿者是一个挑战。但尼日利亚的这种现状很难得到改变，所以只能让自己慢慢接受、慢慢适应。

志愿者在生活方面的适应性问题细且多，但是难度并不大，志愿者通过积极调整可以消除。

（3）志愿者心理适应情况很好，几乎没有适应性问题。调查问卷结果显示有四名认为自己的睡眠质量一般，在认为自己的睡眠质量不好的四名志愿者中有三人认为自己睡眠质量极其差。但通过研究不难发现，四名睡眠质量不好的志愿者们都是年龄在三十岁以上的男性，所以不排除性别和年龄或其他因素导致其睡眠质量不好。在胃口方面，没有志愿者认为自己的胃口受影响、体重出现很明显的变化。我们可以猜测，赴尼日利亚的志愿者们躯体性障碍较小。在其他方面，志愿者的适应程度也都比较高。

现任志愿者普遍心理适应较好可能有如下两个原因：一是在谈及赴任前期准备的时候，志愿者与前任志愿者有过沟通，无论在物质上还是在心理上都做了很多准备。二是赴任前，志愿者们对尼日利亚的心理预期并不高，所以在抵达尼日利亚以后没有心理落差，反而有些惊喜。

志愿工作进行到中期时尤其符合 Louis 的跨文化适应惊奇和理性寻求模式（Hall Bradford，2003：243）。在这种模式中，人们首先可能会因为一些变化感到惊奇，例如志愿者因为尼日利亚人索取礼物而感到惊讶。但是他们通过理性思考，听取了当地人的解释。又比如，志愿者认为自己已经结束蜜月期，感到当地生活没有乐趣的时候，会理性地找到原因，并做出调整。

我们通过对问卷调查结果的分析看出，表面上志愿者在尼日利亚适应情况不错，没有显著困难，没有非洲汉教志愿者跨文化适应文献中提到过的赴任不适，但通过与志愿者的深入访谈可以看出，志愿者的确遇到过一些文化差异，于是我们进一步分析，得到以下思考：

（1）志愿者工作适应情况好，是因为志愿者的工作环境比较单纯。中国也在大力推动中非关系发展，双方在中文教育方面都有不少的投入，志愿者在一定程度上受到了双方的照顾；志愿者在工作中主要和中方同事合作，接触较多的当地教师均为中文教师，可以用中文交流，也没有过多的语言障碍；作为教师，他们工作时接触最多的是学生，当地学生清楚地认识到学习中文能够给他们的生活带来很多改变。据志愿者说，尼日利亚的青年如果掌握了汉语，有机会进入当地的中国企业工作，那么他的薪酬待遇将超过同龄人很多倍，所以当地学生很尊重中文老师和中文学习的机会。这可能是整体教学环境比较好的原因。此外，每天的教学工作结束后，志愿者均回到自己住宿的地方，所以工作方面出现适应性困难的概率不太大。

（2）志愿者生活与心理适应情况也显示较好。通过与志愿者的交谈发现，志愿者较少感受到文化冲突主要是因为志愿者与当地文化的接触非常有限，主要表现在饮食、交际、公共设施、社会安全等方面。在饮食上，志愿者普遍对当地的烧烤称赞有加，但对其他食物没有过多的评价。通过交流发现，志愿者几乎不外出吃饭，他们对当地饮食的摄入较少，所以在一定程度上规避了饮食适应性困难。我们知道，尼日利亚的物价并不高，志愿者在外吃饭不会造成大开销，但志愿者宁可在每天结束工作后亲自做饭，说明他们对当地的食物接受度并不高。在交际方面，出于安全考虑，志愿者和当地人接触少，不参与当地宗教、民俗等活动，除了工作时间，基本在住所休息，定期外出购物也都是结伴而行。所以志愿者和尼日利亚人的接触非常有限，交际时间短，不足以发现文化冲突。同理，因为和学校外的社会相处少，志愿者对公共设施和社会安全问题感触不深。

综上所述，赴尼日利亚的汉教志愿者之所以没有太多跨文化适应性困难，一是因为他们心理预期低；二是物质准备充足；三是他们没有完全暴露在异质文化中，接触面越小，摩擦也就越小。

针对以上研究结果，我们可以提出以下对策。在赴任前期，首先，汉教志愿者要掌握汉语专业知识、具备教师基本素养，了解中华文化。志愿者们应该清楚地认识自己的身份和任务，努力提高自身的专业技能，做好为汉语国际教育事业贡献力量的准备。其次，志愿者应该研习赴任国家或地区的信息，通过网络搜索或文献查阅等方式，尽可能全面地了解当地的社会、自然和人文知识，以避免触犯当地文化禁忌，引起不必要的冲突。志愿者也可以向往届志愿者了解尼日利亚的情况，从他们的经验中获得更贴近事实的一手资料，为自己的实践提供参考。再者，志愿者应该降低对赴任国家的心理预期。正如刘俊振（2008）指出，心理预期值一般是指旅居者在进入其他文化之前，对社会生活、文化适应等方面的想象。志愿者如果对赴任国家抱有太多期望，当地的社会、文化等很难满足志愿者的期待，那么可能会产生心理落差，间接导致适应困难。志愿者如果将预期降低，可以有效地预防心理落差，减小适应困难。除了心理上的准备，物质上也可以做一些准备。现任志愿者建议将所需物品列成清单，避免有遗漏。尤其建议购买一些在尼日利亚不方便买到的中文教具，例如拼音、生词卡片等，它们对课堂教学有很好的辅助作用。

赴任初期，很多刚抵达赴任国家的志愿者实际教学经验较少，难免会有紧张或焦虑。志愿者应该放松心情，将学校和国家汉办培训所学习的知识进行回顾，思考如何让其在真正的课堂中发挥作用。面对异质文化，志愿者需要说服自己尽快适应当地环境，怀着开放的心态，大胆尝试新鲜事物。不能因为对某一点的不适而否认整个国家的文化，从此封闭自己。根据上文所述，很多尼日利亚的教学场所没有多媒体设备，对此志愿者应该灵活处理，志愿者可以考虑在保证教学质量的前提下，放弃使用投影设备教学，或是将课件打印成纸质版本发放，或提前用电子邮件发给学生，学生在课堂上可以借助手机学习。尼日利亚人办事节奏慢，中国志愿者和当地同事打交道的时候应该多站在他人角度，入乡随俗。另外，志愿者应该不断学习，根据当地学生的特点调整自己的教学方式，提高语言能力，和当地学生更好地沟通。如果遇到沟通不畅，志愿者不应该回避问题，可以向当地教师寻求帮助。

赴任中期，新鲜感逐渐消失后，志愿者对工作和生活的激情消退。感到无聊和倦怠是这一时期志愿者所面对的主要问题。此时志愿者应该正视自己遇到的问题，调整好状态，学会劳逸结合；在工作方面不能满足现状，而应该进行阶段性总结，寻找突破点，改善自己的教学。除教学任务外，志愿者可以学习一些其他技能，如志愿者可以在生活中尝试培养一些兴趣爱好，发觉自己的无限潜力。该方法已得到本研究参与访谈的四位志愿者的认可，四位志愿者均表示通过培养新的兴趣爱好丰富自己的业余生活是放松心情、自我调适的好方法。例如，有的志愿者在出国前从不看新闻，但现在养成了每天收看国际新闻的习惯，并且发现其中的乐趣。有的志愿者以前认为烹饪是一件烦琐的事情，并不愿意尝试，但是现在乐在其中。有一个志愿者以前不爱运动，当发现自己心态不如刚抵达尼日利亚时那么好时，就制订计划，以锻炼身体来调整状态，现在该志愿者已经养成了每天运动的好习惯。这些发现表明，通过培养新的兴趣爱好丰富自己的业余生活是放松心情、自我调适的好方法。由此可知，在跨文化适应的过程中，志愿者应该仔细观察自身的状态，遇到问题以积极的态度面对，并且努力改善现状。

此外，志愿者们对国家汉办组织的志愿者出国培训持不同观点。汉教专业出身的志愿者们已经在高校接受了专业培训，高校和国家汉办的培训内容基本重合。非汉语国际教育相关专业的志愿者则认为培训很有用。培训可以让准志愿者认识到外派志愿者的使命感。志愿者从培训中学习了很多知识，比如教学流派、教学方法、教育理念等，而且国家汉办的培训包括实际讲演，志愿者可以在正式上岗之前得到一定锻炼。培训提供了一个平台，让去往世界各地的汉语志愿者相识；同时培训的内容可以让人眼界开阔。汉语国际教育本专业的志愿者认为国家汉办的培训和学校里的专业课一样，内容有一些重复，但能够起到温故而知新的作用。志愿者希望能够安排更多有关尼日利亚的不同语言、国情、文化习俗、自然环境、社会等方面的内容，组织分小组观摩汉语课堂视频，让志愿者对海外汉语课有更直观的感受，通过讨论更好地吸收教学经验。希望国家汉办能够帮助更多的人了解尼日利亚真实的情况，吸引更多有志青年前往当地。

在学校和孔院方面，志愿者反映，首先，尼日利亚孔院的教室和教师数量都很有限，但学生越来越多，教室经常十分拥挤，增加教室和教师的数量是当务之急。其次，在教师抵达赴任国以后，孔院和学校可以提供一定的培训。一是工作方面的训练，孔院可以定期组织教学研讨会，志愿者自由讨论、交流心得、共享资源、互相学习。二是对志愿者的跨文化适应培训在入境后不应该停止。Eschbach 等（2001）研究表明，对于外派工作人员，使用整合的跨文化训练能够缩短新文化的适应时间，减少适应工作的时间，降低文化休克的程度。再者，孔院可以经常组织人文关怀，为志愿者提供心理咨询，保证志愿者的身心健康；可以定期组织集体外出活动，丰富志愿者的业余生活；校方可以安排交流会，提供平台让汉教志愿者们和当地教师进行沟通，了解彼此的文化。另外，有一名志愿者反映由于教材较贵，当地一些贫困家庭出身的学生买不起教材。学校可以建立教材回收机制，提高教材使用率，有利于减少因为没有教材而影响教学质量的现象。

5. 结语

本研究首次单独以尼日利亚汉教志愿者为研究对象，通过问卷调查和阶段性访谈使得长达半年的研究获得更准确、新鲜、有价值的信息。研究的结果为后续赴尼日利亚的汉教志愿者提供了一些有参考价值的建议，让他们在准备前往尼日利亚的时候能够有更多详细的参考；帮助人们更好地了解在尼日利亚的汉教志愿者们有怎样的工作与生活环境，也许能够解除一些人的误解，改变人们对尼日利亚甚至非洲地区的刻板印象和固化思维，从而吸引更多的人来到尼日利亚进行志愿工作。

研究表明，尼日利亚的汉教志愿者跨文化适应整体良好。适应问题最多的是生活方面，其次是工作方面，适应情况最好的是心理方面。主要出现过的问题有：尼日利亚教学环境中多媒体不足、基础设施简易、语言能力对教师的沟通有所影响，当地人办事节奏慢、饮食习惯不同、教学地点拥挤、教师不够、教材数量有限、空气污染严重、交通拥堵、部分物品难购买等问题。志愿者未出现文化休克。

本研究尚存在不足之处：①研究的调查样本较少；②本研究时长较短，前后仅六个月；③本研究只涉及工作、生活和心理三个维度。对于志愿者的情况没有进行深入的调查。未来，应该有更多针对非洲、针对尼日利亚的研究，应该有更多针对汉教志愿者的研究，为以后的志愿者提供参考。

第五节 "跨文化三空间"假说对国际汉语师资能力培养的启示

汉语正迅速地走向世界,"对外汉语教学"也开始向"汉语国际教育"转型。国际汉语教育事业的发展离不开大量优秀的师资队伍,汉语国际教育专业的开设与硕士培养恰恰是为国际汉语师资做储备。怎样高效地为汉语作为第二语言的学习者教授汉语,怎样才能以恰当的方式方法把中华文化介绍到世界各地,以促进世界文化的交流交融,成为每一位国际汉语教师需要不懈探求的两大基础问题。本节作者在留学生汉语教学实践的基础上提出了"跨文化三空间"假说。该假说提出的出发点是,汉语国际教育是在跨国、跨文化的交际互动中实现教学目标的,其本质是一种跨文化的语言教学。汉语作为第二语言学习者也是在跨文化的互动中运用汉语来完成交际目的的。这要求我们必须充分重视文化在语言教学和学习过程中的重要地位,其重点是提高把汉语作为第二语言的学习者在实际生活中熟练运用汉语进行跨文化交流的能力。"跨文化三空间"假说的构建对国际汉语师资能力的培养具有一定的启示意义。本节结合汉语国际教育硕士的培养过程,试图探索如何在"跨文化三空间"假说的基础上培养出更优秀的新时代国际汉语教师。

1. "汉语国际教育专业硕士"的应运而生

伴随着 2004 年 11 月 21 日全球第一家孔子学院在韩国首

尔的建立，汉语在世界范围内的推广正式拉开序幕。2005年7月中国首届"世界汉语大会"的召开标志着我国对外汉语教学事业发展到了新的阶段。2006年7月，中国召开了"全国汉语国际推广工作会议"，会上国务委员陈至立指出，要实现发展战略、工作重心、推广理念、推广机制、推广模式和教学方法的"六大转变"。为适应新形势和新需求，加快汉语走向世界的步伐，提高我国汉语国际推广能力，国家汉办联合国务院学位委员会办公室决定在我国设置"汉语国际教育硕士"专业学位。2007年5月国家学位办下达《关于开展汉语国际教育硕士专业学位教育试点工作和推荐全国汉语国际教育硕士专业学位教育指导委员会委员人选的通知》，首批批准了北京大学、北京师范大学、北京语言大学等25所研究生培养单位开展汉语国际教育硕士专业学位教育试点工作。截至2018年8月30日，已有147所汉语国际教育硕士专业学位研究生培养院校*。

汉语国际教育是在汉语国际推广的大背景下设立的一门新兴学科，主要面向的是海外教育市场，其培养目标为具备汉语言教学能力、中华文化国际传播能力、国际化视野、海外创业能力的汉语国际教育一线教师。汉语国际教育走的是一条课程教学（尤其是技能教学）、文化传播、分国别诊断研究、教育管理与市场拓展相结合的市场化、国际化、特色化的发展新路。汉语国际教育硕士要求具备熟练的汉语作为第二语言教学技能，能够熟练运用现代教育技术和科技手段进行教学；具有系统的专业知识、较高的中华文化素养和鉴赏能力，以及具备文化交流与传播的能力；能流利地使用外语

---

* 参见中国学位与研究生教育信息网 https://www.cdgdc.edu.cn/。

进行教学和交流，具有跨文化交际能力；具有汉语言文化国际推广项目的管理、组织与协调能力。

2. "跨文化三空间"假说

"汉语国际教育"与"对外汉语教学"是两个不同的概念。"汉语国际教育"是指在海外进行的、以汉语作为第二语言的语言教学为主、以中华文化的海外传播和中外文化交流为辅的一项专门事业。由于"汉语国际教育"本身是在跨国或者跨文化的交际互动中完成教学目标的，国际汉语教学的目标不仅要让学生熟练掌握汉语本体知识，更重要的是提高汉语作为第二语言学习者在汉语语境中跨文化交流的能力。因而，"汉语国际教育"的本质是一种跨文化的语言教学，其重点是提高汉语作为第二语言学习者在实际生活中熟练运用汉语和汉语言文化进行跨文化交流的能力。

汉语语法教学是"汉语国际教育"从业者和研究者们非常重视的传统专业领域。汉语语法没有严格意义的形态变化，汉语的词类和句法成分也不一一对应，汉语更注重话题和意合，汉语的主观化、隐形量等特点的存在以及中外文化习惯、思维方式、价值观等差异的存在都促使了汉语语法研究成为大家兴趣的焦点。正是基于汉语语法独特性的特点以及在大量的跨语言教学与比较的实践过程中，我们才能够从汉语语法本体研究中发现和挖掘大量的汉语言文化。在"跨文化的语言教学"中，语言教学与文化教学应该是相伴而行的，抽象概括出来的语法规律是在特定语言文化环境下产生的。所以，谈及"汉语国际教育"，必须充分重视文化在语言学习过程中的重要贡献。

对于汉语作为第二语言学习者来讲，汉语的学习过程包含了"跨文化三空间":跨文化第一空间即学习者的第一语言所构成的文化空间,这一空间中的文化是学习者在第一语言习得和使用过程中长期受到的熏染,通常被学习者认为是理所当然的,这一空间中的"文化"也是学习者根深蒂固的"元文化";跨文化第二空间又称为"中介文化空间",这一空间中的文化是由学习者带着自身已有的第一文化空间中的文化在学习目的语过程中,受到目的语文化的撞击而形成的介于第一语言文化和目的语文化之间的中介文化,它既有第一文化空间和目的语文化空间的某些特征,又不同于第一文化空间和目的语文化。在这一文化空间中,学习者能够明确感受到文化的撞击,却没有形成系统的目的语文化,对于文化的差异并不能进行很好的处理,通常会受到第一文化空间的负迁移影响。跨文化第三空间是指在教师的指导下或者在目的语语境下通过互动交际行为而形成的完整的、系统性的目的语文化空间,在这一文化空间中学习者能够准确恰当地处理和解决文化间的文化差异现象,能够自如地进行跨文化交流,学习者不仅能够比较文化差异,还能在文化碰撞交融中吸收外国文化的长处,创造"文化混生物"。跨文化第三空间的构建能使学习者更准确地理解第一语言文化和目的语文化,同时以局外人的身份看待自身文化和以局内人的身份看待目的语文化。

3. "跨文化三空间"假说对汉语国际教育专业硕士培养的启示

3.1 由重视对汉语本体教学技能的培养转向对汉语本体教学、文化教学双技能的培养

语言是文化的重要组成部分,语言与文化紧密相关,密不可分。语言是文化的载体,记录并展示着文化;文化影响语言的发展,语言的发展又促进了文化的交流发展。总之,语言与文化是相互依存、密不可分的一个整体。刘珣(2000)在《对外汉语教育学引论》中指出:"要想真正理解或研究一种文化,必须掌握作为该文化符号的语言;而要学习和运用一种目的语,则必须同时学习该语言所承载的文化。"

20世纪80年代以来,对外汉语教学界就注意到了文化教学在对外汉语教学中的作用和地位,学界曾进行过语言教学和文化教学关系的大讨论。程棠(1992)在《关于当前对外汉语教学中的几个问题》一文中指出:"对外汉语是指对外国人和海外华人进行的系统的汉语和中国文化教学。"在这里,文章就明确地指出对外汉语教学不仅仅包括单纯的本体语言知识教学,还包含文化教学的部分。吕必松(1989)在《中国对外汉语教学法的发展》一文中指出,要处理好语言和文化的关系,要提高文化教学和交际文化教学的地位。吕必松(1992)在《对外汉语教学概论》中指出,语言对文化的作用重大,强调了文化因素在语言使用过程中的重要性,认为语言和文化的研究必须结合在一起。

时至今日,国内各大高校对汉语国际教育硕士的培养仍普遍重视汉语本体技能教学法的培养,而文化教学仅局限于对中国文化知识类的讲授方面,缺少为汉语教学服务的文化教学技能方面的培养。作为语言技能的基础,汉语本体知识和汉语本体技能教学法的确非常重要,但是从目标群体学生的角度看,分辨汉语作为第二语言学习者汉语表达是否地道得体的最重要的一个标准是其对汉语言思维习惯、汉语交际文化、中外文化差异以及跨文化交流能力的掌握。来华留学生学习汉语的最终目的是能短时间内在汉语语境中顺利进行跨文化交流以满足自身的各种需求，而文化教学在其中扮演了非常重要的作用。在文化教学方面，绝不能仅仅停留在对中国文化与中国概况的讲授上。

在汉语国际教育硕士的培养中，语言教学能力的培养和文化教学能力的培养是同等重要的。二者在教育教学目标的贡献上是相互依存和相互促进的。文化教学可以促进语言教学的效果，在语言教学的同时也需要文化教学的补充。只有语言教学和文化教学相结合，才能使汉语作为第二语言学习者的汉语说得更地道。因此，现阶段我们需要加快由重视对汉语本体教学技能的培养向对汉语本体教学、文化教学双技能培养的转变，使汉语国际教育硕士在国际汉语教学过程中能够形成"跨文化三空间"意识，将其用于国际汉语教学的实践过程中。

3.2 由重视学生对中国文化知识的掌握转向中外文化并重、中外文化比较的双文化培养

汉语国际教育专业与对外汉语教学专业的不同除了主战场由国内转向国外之外，还有更为重要的一点，即汉语国际教育专业与对外汉语教学专业相比，更加重视培养学生的中华文化国际传播能力，更强调学生未来能在国际汉语教学的过程中将中国优秀的文化介绍到海外，让优秀的中国文化与世界文化交流交融，通过恰当的方式方法"讲好中国故事、传播好中国声音"，构建良好的国家形象。而如此培养目标的达成，需要传播学理论的融入。从传播学视角来看，中华文化的海外传播一方面离不开学生良好的中国文化积淀，另一方面，学生更需了解外国文化，了解受众群体的文化，了解中外文化的异同。只有这样，才能顺利地完成传播过程。纪录片《海豚湾》获得奥斯卡最佳纪录片奖后，导演西斯豪斯接

受记者采访时表示,《海豚湾》不是要抨击日本,而是"一封致日本人民的情书","我们希望日本人民去观看这部电影,自己决定是不是应该食用海豚或让海豚用于娱乐业"。这个例子很好地说明,在传播过程中,掌握受众国家文化是非常重要的。

很多时候,人们对于跨文化第一空间的文化现象会认为是理所当然、习以为常的。只有跨文化第一空间文化与其他文化相遇时,通过文化碰撞与比较,才能更好地理解自身文化和其他文化,逐渐形成跨文化的第三空间。一位保加利亚主妇招待她美籍丈夫的朋友们吃晚餐。当客人把盘里的菜吃光后,主妇就问客人要不要再来一盘。客人中的一位亚洲留学生接受了第二盘,紧接着又吃了第三盘,这使得女主人忧心忡忡地又到厨房准备下一盘菜。结果,这位亚洲学生吃第四盘时竟撑得摔倒在地上了。为什么会发生这样的事情呢?原来,在保加利亚,女主人没让客人吃饱是件丢脸的事情。而在这位亚洲留学生的国度里,是宁可撑死也不能以吃不下来侮辱女主人的。所以,只有通过文化比较才能知道自己的文化是什么,才能知道并理解其他文化。如果对文化比较没有很好的掌握,就会闹出很多笑话。比如,一位国际汉语教师在讲到颜色词时,他说出了让学生们多看看红色电影、唱唱红色歌曲这样的句子。结果,韩国学生们就觉得这样的句子很好笑,因为在他们那里把中国的黄色电影称为红色电影。

此外,国际汉语教学是一种跨文化的语言教学,对于汉语作为第二语言学习者来讲,学好汉语归根到底就是认识、理解、应用汉语言文化的过程。而如何能够让学习者理解好汉语言文化呢?笔者认为,必须从"跨文化三空间"假说出发帮助学习者顺利形成"跨文化第三空间",只有在比较中才能理解不同文化之间最有价值的部分,才能成功实现运用第二语言进行跨文化互动。这种文化的比较,不仅包括中外文化的比较,也包括同一文化不同时期的比较。第二语言学习者在学习目的语文化时,总是会通过母语文化的框架结构来理解和诠释目的语文化。如果教学中缺少有针对性的文化比较的融入,势必会出现母语文化负迁移。国际汉语教师应该帮助外国学生跳出其母语文化的思维框架,在两者之间建立起一个母语和目的语文化交融共存的第三空间思维和视角。在"跨文化第三空间"中,学习者不仅能够看到自己的母语文化,还能够从比较的视角和目的语文化视角来看待和理解各种文化现象。因而,国际汉语教师应该了解世界文化的多元性,汉语国际教育硕士培养工作必须加快由重视学生对中国文化的掌握转向中外文化并重、中外文化比较的双文化培养。

3.3 由跨文化交流学理论知识的讲授转向跨文化交流学应用层面和能力的培养

世界上没有完全相同的两个人,这并不仅仅指外貌特征的不同,在文化上,也不存在一模一样的个体文化。每个人在性格、家庭境况、个人经历等方面都存在差异,所以不同的人在思想和行为习惯上也会不同。人类社会就是由这些具有不同文化背景的个体文化构成了多样的群体文化。因而,任何国家、地区或者社团之间都会存在多样的社会文化差异,有的大一些,有的小一些。正是这些或大或小的差异造成了跨文化交流中的不畅,也给第二语言学习者增加了难度。汉语国际教育是指面向海外汉语作为第二语言学习者的汉语教学,其本质是一种跨文化的语言教学。在汉语学习过程中,语言输出(说和写)是否合乎语法规则是较为基础的目标层次，而语言表达是否地道、是否合乎中国人的文化和思维习惯，则是一种较为高层级的目标要求。

　　国际汉语教学不是在目的语文化中孤立进行的，而是在学生跨文化第一空间和目的语文化共同作用下进行的，逐渐形成"跨文化第三空间"的过程。把跨文化交流学的理论如何应用到汉语国际教育事业中，才是目前最为重要的事情。"跨文化三空间"的构建可以帮助学生学好汉语。文化碰撞、比较、摸索的"跨文化第二空间"逐渐向系统的"第三空间"转变的过程，就是汉语作为第二语言学习者形成多元文化体系、自由进行跨文化交流的过程。这一假说，在实际的国际汉语教学中有很多指导性意义。比如，在一次学校的运动会上，一位中国教师在田径项目中取得了优异成绩，他的一位来自欧美文化的学生向他祝贺道："老师，比赛时你跑得比狗还快！"其实单就语法正误来讲，学生所说的句子合乎汉语语法，不存在语病。但是听者却感觉很不愉快。在汉语中，像狗仗人势、狼心狗肺、走狗、癞皮狗等都含贬义，因为在中国文化中，把他人比喻成狗一类，是对他人的侮辱。但是在西方话语中，dog 却是很好的一个词，比如"You lucky dog"（你这个幸运的家伙）。这给我们的启示是，要培养汉语国际教育硕士善于运用文化比较的手段、自觉帮助学习者构建跨文化第三空间，解除汉语作为第二语言学习者受第一空间文化的影响，摆脱他们在跨文化第二空间（中介文化空间）中的混沌期，更好理解和获得目的语文化。

3.4　在培养目标的实现上，由文化类课程的开设转向文化类的实践与体验

　　文化在语言教学中的价值是显而易见的。那么，如何在汉语国际教育专业硕士培养过程中真正发挥文化及文化教学的

效用呢？首先，要理解并思考文化。自古至今，关于文化的定义不下几千条。英国人类学家爱德华·泰勒说："文化是一种复杂体，它包括知识、信仰、艺术、道德、法律、习俗以及人们作为社会成员而获得的能力和习惯。"现代作家龙应台也曾说过："文化？它是随便一个人迎面走来，他的举手投足，他的一颦一笑，他的整体气质。他走过一棵树，树枝低垂，他是随手把枝折断丢弃，还是弯身而过？一只满身是癣的流浪狗走近他，他是怜悯地避开，还是一脚踢出去？电梯门打开，他是谦抑地让人，还是霸道地把别人挤开？一个盲人和他并肩路口，绿灯亮了，他会搀那位盲人一把吗？他与别人如何擦身而过？他如何低头系上自己松了的鞋带？他怎么从卖菜的小贩手里接过找来的零钱？"在笔者看来，文化最根本的特点是由人创造，有人存在和参与的地方就有文化。一堆土不叫文化，将土做成砖，然后砌成墙（长城）就叫文化。

　　文化如何学习才能有好的效果呢？笔者首先介绍两种典型的人：一种是"香蕉人"，即中国的孩子在美国长大，外貌看上去是华人，但我们听其一开口、一对话，再看其做事的方法，就会发现其有典型的美国风格。另外一种人是"鸡蛋人"，即许多在中国大陆出生和成长的"地道"中国人，在移民欧美国家多年后，逐渐融入当地文化，人们称他们是"Egg"（白皮黄心）。通过这两种人，我们可以看出文化是在特定环境中由人创造的，人在特定的文化环境里又受其影响。文化的掌握方法最好的不是学习，而是习得。笔者认为，文化的教学应该回归到真正的文化当中，文化的教学并不是一门诸如中国文化概论类的课程就可以承担的，相反，文化的实践与体验是一种学习者主动浸染的过程，而文化知识类课程则是一种被动灌输的过程。在文化实践与体验的基础上，再发生文化的碰撞、思考、交流、研讨和分享，人们才能真正习得文化。

目前汉语国际教育硕士的课程设置包括三大模块：汉语作为第二语言教学类、中国文化传播与跨文化交际类、教育与教学管理类。在 2009 年版《全日制汉语国际教育硕士专业学位研究生指导性培养方案》（以下简称《方案》）中列出的文化类课程如表 1 所示。

表 1　2009 年版《方案》中文化类课程

核心课程	中华文化与传播
	跨文化交际
拓展课程	中国思想史
	国别与地域文化
	中外文化交流专题
	礼仪与国际关系
训练课程	中华文化才艺与展示

从文化课程在培养方案中的设置可以看出文化课大而笼统，除了才艺课程明确为训练类课程外，其余的文化类课程在实际教学和培养过程中被操作为知识类讲授课程的可能性很大。有的高校由于过于重视对学生汉语本体研究以及汉语本体教学技能的培养，将培养方案中的部分文化课程合并开课。比如，把"跨文化交际"课和"中华文化与传播"课合并为"中华文化与跨文化交际"课，这样的课程便会给教师带来很大的难题，有的教师将这门课处理为"跨文化交际学"或者"跨文化传播学"，而有的教师则将这门课处理为"中华文化研究"。

汉语国际教育专业硕士文化素养不足、文化教学的技能不强都会成为他们未来专业和事业发展的短板。因而，务必在培养目标的实现上，由文化类课程的开设向文化类的体验转变。甚至有必要在教学实习中单列文化体验与文化实习的比重。文化是需要熏陶和积累的，经过吸收、内化、融通的过程之后，才能真正地展示出来。文化的体验与实践才是文化培养最行之有效的办法。因此要加强学生文化实习的多元化，使学生在文化的体验中受到中华文化的熏陶。

4. 结语

新时代人们对汉语作为第二语言的教学工作产生了新认识，提出了新要求。自2012年以来，对外汉语教学本科专业也正式更名为"汉语国际教育"专业。国际汉语教学的主战场由国内走向了国外，由以本体汉语言知识的讲授为核心转向了以汉语交际技能训练为主、以汉语言文化传播为辅的国际汉语教学新型发展之路。国际汉语教学作为一种跨文化的语言教学，"跨文化三空间"假说的提出对汉语国际教育工作有很大的指导意义和启发作用，这一假说在国际汉语教学实践中也取得了不错的效果。汉语国际教育事业的发展离不开师资的培养，要结合"跨文化三空间"假说在实践中的启发，对当前汉语国际教育硕士的培养工作务必加快四大转变：第一，由重视对汉语本体教学技能的培养转向对汉语本体教学、文化教学双技能培养；第二，由重视学生对中国文化知识的掌握转向中外文化并重、中外文化比较的双文化培养；第三，由跨文化交流学理论知识的讲授转向跨文化交流学应用层面和能力的培养；第四，在培养目标的实现上，由文化类课程的开设转向文化类的体验与实践。在汉语国际教育事业中，更好更多地发挥文化的效用，推动汉语国际教育事业的新发展。

下篇 北京理工大学汉语教学研究

近年来，随着中国国家软实力的提升，国际汉语教育事业日益发展壮大，但也面临一些难题。一方面，随着"中华文化走出去"战略的提出，海外孔子学院和孔子课堂在数量上已近规模，汉语教学与中华文化的国际传播正迎来时代赋予的绝佳历史机遇，"对外汉语教学"已发展成为"汉语国际教育"，语言教学不再一枝独秀，文化传播与跨文化交流能力的培养日益受到重视和关注，面向全球的"汉语国际教育"无论在教学内容、方法、理念上还是在目标、体系上都在不断随形势发展而革新和改进，但在教育教学的国别化研究和实践探索方面亟待加强。另一方面，随着来华留学生人数的快速增长，来华留学生教育规模扩大，教学层次也从单纯的汉语语言教学逐步扩展到各个专业学科领域的学历学位式教育；此外，为适应新形势需要，培养国内外从事汉语作为第二语言/外语教学和传播中华文化的高层次、应用型、复合型专门人才日益紧迫，自2007年汉语国际教育硕士专业学位（MTCSOL）设立以来，虽然在人才培养和学科建设上取得了丰硕成果，但因建立时间短，尚处新兴发展阶段，在培养方案、课程设置、人才培养目标、培养质量考核与评估等方面仍面临许多亟待重视和解决的问题。

中非汉语与文化教学是我国国际汉语教育事业发展的生动缩影，从中华人民共和国成立之初的互派留学生，发展到多主体、多层次、多领域、多形式的教育合作关系，汉语语言与文化教学在其中扮演了十分重要的角色。但由于中非文化差异较大，非洲留学生汉语学习具有一定的独特性，目前，基于这一现状开展有针对性的研究亟待加强。

下篇这四节内容分别从来华留学生汉语教学与高层次人才培养及海外汉语教学与实践探索两个侧面，客观呈现了中非教育教学交流合作在语言教学、专业教育、人才培养、学术研究等各层次、各方面取得的成果和存在的问题，探索并提出可行性的对策和建议。希望本篇能为中非教育相关研究带来一定的启发和思考。

第一节 汉语国际教育专业硕士学位论文问题与对策

针对汉语国际教育专业硕士学位论文存在的问题提出相应的对策，是保证研究生教育质量的重要方式。本研究基于37篇（含外国学生10篇）汉语国际教育专业硕士学位论文数据，从总体质量和分项质量两个维度对专业硕士学位论文质量进行了评估。研究结果显示：专业硕士学位论文整体合格，但在写作过程中还存在一些论文组织结构和学术写作规范问题，包括标题的准确性、结构的完整性、格式的规范化、行文的准确性以及结果描述的简单性。针对这些问题，我们采取了相应措施，旨在促进论文写作质量的提高。

1. 引言

汉语国际教育专业硕士自2008年开始招生，从此，获批授权招生的高校逐渐增加，截至2019年已有149所高校获批招收汉语国际教育专业硕士。为保证培养质量，2009年国家汉办发布《汉语国际教育硕士专业学位论文撰写指导性意见（试行）》，该文包括撰写学位论文的目的、论文的选题、论文的形式、论文的写作规范、论文的要求及论文评分六个方面，这些"意见"为各专业学科点指导学生论文写作提出了较为详细的指导性意见，也开启了对汉语国际教育专业硕士学位论文的研究之门，如丁安琪（2011）研究了汉语国际教育专业硕士学位论文的评价体系,对论文写作的规范性提出了具体的评价标准。亓海峰(2015)从论文的选题、研究方法及论文的类型方面分析了24所高校96篇汉语国际教育专业硕士学位论文,发现论文的实践性和应用性较强,但论文的科学性和规范性都需要提高。张幼冬(2017)采取了问卷调查方法,探讨了汉语国际教育专业硕士中外学生学位论文现状,分析了464篇中外汉语国际教育专业硕士学位论文的选题特点及其影响因素、关于论文写作困难的调查及结果分析,研究发现60%的中国学生认为完成学位论文后,逻辑思维能力提升最大,语言表达、数据分析、调查研究能力都有了不同程度的提高。其他学科专家也在积极探索有效措施确保学位论文写作质量,如张笑燕和宋茂强(2011)探讨了软件专业学位论文的过程管理与质量控制;张乐平、温馨和陈小平(2014)分析了专业学位论文形式与标准的两个案例,并提出了完善全日制专业学位论文形式与标准的建议。

针对我国学术写作问题,Connor在20多年前就发现东亚学生在美国大学研修课程中,学术写作普遍存在语句欠得体、衔接欠连贯、组织散漫和主题清晰度差等问题。他们把这些写作问题归咎于大学普遍没有系统地开设母语写作课程,重结果、轻过程,重传授、轻思辨,重引介、轻推广(齐放和张军,2018:26)。此外,金晓艳和彭爽(2006:39)研究了朝鲜族学生汉语写作偏误,他们发现语篇连贯的偏误是一个不容忽视的问题。

学位论文直接反映了研究生的学识功底、研究水平以及学习态度、工作作风等,是硕士学位培养环节的一个重要标准(丁安琪,2011:14)。为此,2014年,国家出台了《关于加强学位与研究生教育质量保证和监督体系建设的意见》,明确提出开展博士、硕士学位论文抽查工作（高耀等，2017b：55）。高耀等（2017a）运用 Y 市 2014 年学位论文抽检结果的量化分析调查了专业硕士学位论文质量，他们依据评议要素调查了人文社会科学和自然科学专业学位论文的选题与综述，创新性及应用价值，基础知识、研究方法与实践能力以及论文的规范性四个方面的论文质量，分析了 991 篇专业硕士论文在四个评议要素中的总体情况及分项质量。他们的研究结果表明："二级指标按照优秀率由高到低排列，分别为选题与综述，论文的规范性，基础知识、研究方法与实践能力，创新性及应用价值；而在较差率方面，排序则依次为论文的规范性，创新性及应用价值，基础知识、研究方法与实践能力，选题与综述……专业硕士学位论文格式不规范是个比较突出的问题"（2017a：57）。高耀等（2017b）运用 X 省 2014 年学位论文抽检结果的量化分析调查了学术型硕士学位论文质量，分析了 1 222 篇学位论文抽检结果，涵盖了十二个学科，研究发现，合格学位论文 1 209 篇，占总体抽检论文的比例为 98.94%。

总之，现有研究从不同层面探讨了确保学位论文质量的问题，汉语国际教育专业硕士学位论文写作研究成果较少，尤其缺少实证性研究，很少的研究分析了汉语国际教育专业硕士学位论文的问题及对策。本研究试图探讨汉语国际教育专业硕士生在撰写学位论文时存在哪些主要问题、导师及学科点如何帮助他们避免这些问题，并寻求其答案。

2. 研究语料

本研究语料为 37 篇汉语国际教育专业硕士学位论文，其中 24 篇学位论文不是终稿，所有论文中的问题在其离校提交前已修改。我们在此展示旨在引起学位论文撰写者及导师的注意，以期在未来的学位论文写作及指导中避免这些问题。

3. 论文写作中的主要问题

我们发现汉语国际教育专业硕士生在学位论文撰写中存在如下问题：标题的准确性、结构的完整性、格式的规范化、行文的准确性以及结果描述的简单性。这些问题将在本节分别报告。

3.1 论文标题的准确性

（1）学生确立选题时容易选择过大或过于宽泛的论文题目，这个问题（占15%）可能造成研究及写作困难，因此，我们常在学生开题报告时指出问题，说明完成学位论文要受时间和论文篇幅限制，他们难以在短时间内完成大量的研究。如"留学生学术论文写作中话语标记语使用情况研究"，该论文题目过大，因为话语标记研究范围多，不可能在一篇硕士论文中涉及所有的话语标记，最好能限制在具体的话语标记范围里。

（2）文不对题也是论文标题的问题（占5%），即论文题目与内容不一致，如"对外汉语翻转课堂教学中视频学习需求调查研究"，该研究"调查对象为142人，其中60人表示不太了解翻转课堂，占42.2%，50人表示听说过翻转课堂，占35.2%，只有20人表示非常了解，占14%，还有10人表示亲身经历过翻转课堂的授课模式，占7%，两人未作答"。如果用这些数据来论证主题有些欠妥，因为多数被调查者不太了解或者只是听说过翻转课堂，他们不属于对外汉语翻转课堂教学中的成员，他们提供的信息对研究主题"对外汉语翻转课堂教学中视频学习需求调查研究"没有价值。该作者最终修改了论文题目，删除了翻转课堂。

（3）论文标题易产生歧义（占5%），如"英国汉语教师课堂话语个案研究"，此标题有两处欠清晰：英国汉语教师是指英籍汉语教师还是中国籍的汉语教师志愿者；课堂话语是指什么课堂，综合还是口语？在开题报告后，该生立即修改论文题目，"新手汉语教师志愿者综合课课堂语言个案研究——以英国纽卡斯尔大学孔子学院为例"，修改后的题目更加具体。

3.2 论文结构的完整性

论文的逻辑性主要表现为结构与语言表述。论文结构的逻辑性分为宏观与微观结构。宏观结构又称为论文写作要素，包括论文的引言、研究方法、研究结果与讨论；微观结构指论文中段落之间或句子之间的衔接。

关于论文的宏观结构，我们参照 Day 和 Gastel（2007：3）提出的论文写作基本要素：引言、方法、结果及讨论。在此基础上，我们细化了学位论文的基本结构，要求硕士学位论文应包括如下基本要素：绪论、文献综述、研究设计、研究结果及讨论、结语。论文逻辑结构要素不仅要展示在论文的正文，而且要在论文摘要中描述。关于论文结构的完整性问题，我们将在本小节分别报告。

3.2.1 摘要要素的完整性

我们在37篇论文摘要中发现40%的论文摘要缺少一些基本要素，如研究的背景、研究的理论依据、研究的方法、研究的发现、研究的意义等。有些论文摘要缺少一个基本要素，有些缺少两个基本要素，还有些摘要只是简要描述论文研究结构，如本论文分为四章，第一章介绍了……第二章描述了……第三章汇报了……第四章总结了……这些问题应引起硕士生以及导师的注意。

3.2.2 正文要素的完整性

我们要求硕士学位论文应包括这些要素：绪论或引言、文献综述、研究设计、研究发现与讨论、结语。绪论应是论文的总括，让读者看完后可以了解该研究的全貌，因此，绪论应简要描述如下基本要素：研究背景或研究缘由、理论依据、研究方法、论文结构或框架等，但有些论文缺少研究背景或理论依据或研究方法的描述，这些问题占研究总量的30%，其中突出的问题是缺少理论的支撑，约占25%，这些与亓海峰（2015）的发现类似。

在描述研究结语时，6%的学位论文仅用300字左右描述。我们知道学位论文与期刊论文不同，如果把结语单独成章，其篇幅应该至少占两页A4纸。

3.2.3 语言表达逻辑的缺乏性

语言表述的逻辑性问题主要表现在段落缺少主题句，主题句与论述句的内容不一致，缺主语；句与句之间缺乏逻辑关系，有些语句呈现跳跃式。这些发现验证了齐放和张军（2018：26）的发现。

我们发现多数论文在文献综述或研究发现的描述中会有几处缺少段落主题句（占40%），大约20%的专业学位论文在描述研究方法时缺乏逻辑，跳跃式地描述问卷调查，把问卷调查与访谈交替描述，把问卷调查与语言测试混在一起，读后让人理解困难。

另一个逻辑问题是小节内容的描述与小标题无关，如在小标题"调查问卷"的段落里描述与问卷调查无关的话题，又如小标题"访谈"里有三段，第一段和第三段详细描述访谈内容和访谈对象，但在第二段却出现与访谈无关的内容，第二段详细描述了研究设计中的前测和后测，显然，前测和后测的描述应放在小标题"测试"的层级内。

还有一种逻辑问题是误解研究方法,如"一、研究方法;二、前测;三、后测"。显然该文作者误解了研究方法,把前测与后测作为研究方法的并列层级。然而,前测与后测都属于研究方法,应分属于研究方法的不同层级。

3.2.4 研究结果描述的前后矛盾

研究结果描述的前后矛盾,如研究发现代表皮尔逊相关性的 r 值为 -0.108,其值小于 0,表示两变量负相关;$0 \leqslant |r| \leqslant 0.3$,说明其相关性较弱。但作者在分析研究结果时强调相关性。这种研究结果描述的前后矛盾约占 10%。

3.2.5 描述与引证逻辑的缺乏性

研究结果的描述与论文的引证之间缺乏逻辑关系,即研究发现与论文引证之间缺少关联或评述,从而导致论文前后不连贯。这种问题比较普遍,几乎每篇论文都有过这种问题。

3.2.6 逻辑主语的缺乏性

另一种论述的逻辑性问题是缺逻辑主语,如:通过图示法在教学中的实验及应用研究,发现了存在的问题,指出了图示法在实际教学和研究中的趋势,汉语教学更加关注教学方法和学生学习体验。

3.3 论文格式的规范化

硕士论文普遍存在参考文献引用不规范问题,80% 的论文存在格式的规范化问题。有些问题比较多,有些问题较少。我们发现论文写作中常见的格式问题有以下七种情况。

3.3.1 参考文献与论文中引用不一致

有些同学在硕士论文中引用的文献未在参考文献中列出,反之亦然。有个同学在论文后的参考文献中列出 49 篇,但论文中却只引用标注了 7 篇，个别有双引号的语句没有标注出处，还有些同学在文中引用的文献却没有在参考文献中列出。

3.3.2 被引用者的姓名书写不一致

有些同学在硕士论文中引用的外国人名书写不一致，有时用姓，有时用全称。如：Michael Long 在论文中有时写成 Long，有时写成 Michael Long；还有些作者在论文中引用的作者姓名与参考文献不一致。

3.3.3 参考文献与引证年代不一致

有些同学在论文写作中因为粗心把参考文献的年代写错，有些甚至在同一段里，同一个被引证文献写成两个年代，如，把 2005 误写成 2015，在文中引用年代为 2001 年，在参考文献中却为 2002 年。

3.3.4 引用低水平期刊论文

参考文献引用较多低水平期刊论文，这些期刊都是非中文核心期刊，从论文写作规范、语言表达及研究深度方面都会给读者不良印象，如"《亚太教育》，2015（18）：100-100"，只有一页的文章也能称为论文？"《开封教育学院学报》，2016（8）：145-146"，如果参考文献出现这样的期刊，或者被引用的论文只有两页，这种文献应被视为无效。

3.3.5 参考文献发表年代放置不一致

有些文献发表年代放在作者之后，有些放在期刊名称后，这些不一致问题是学生不够仔细的表现；从另一个角度看，他们的学习态度有待提高。

3.3.6 参考文献不按作者姓氏排序

论文后的参考文献应有序排列，要按作者姓氏顺序依次排列，不能随意列出。中英文参考文献分开，即中文参考文献按作者姓氏顺序依次排列，然后是英文或其他外语参考文献，它们也要按作者姓氏顺序列出。

3.3.7 参考文献期刊数字描述不一致

期刊第几期，有时写成"2015年第3期"，有时写成"2015年第三期"，有时写成"2015（3）"；有些标注期刊页码，有些不标注期刊页码。

由于格式的规范化是个普遍问题，需要引起学生、导师和学科点老师注意。但有些学生甚至个别导师不太重视格式错误，此观念欠妥。希望导师能及时指出错误，帮助学生避免犯错。

3.4 论文行文的准确性

行文的准确性问题是指语言表述不准确、语体误用。该问题比较普遍，几乎每篇论文都有，只是程度不同。

语言表述不准确表现在论文撰写时的语病及语言描述欠精练，如：冗余语言或缺逻辑主语、用词不当、错别字等。

语体误用是指过多使用口语化语言。有些同学在论文写作中语言表述欠规范，使用了一些非学术性语言，降低了论文的学术水平，如描述结语时，"接下来完成了北京地区的博物馆资源的整体梳理、针对部分博物馆的进一步考察，又翻阅了73本对外汉语教材，对其中与博物馆有关的内容进行整理归纳……"，"翻阅"在此处给人太随意的感觉。又如"经过师长的指点与自我反思，笔者也认识到本文还存在一些有待改进的问题"，这样的语句在学术写作中没有必要。还有些硕士生在论文写作中展示了过于谦虚的美德，语言表述过于自谦，如"……笔者试对教材编写者、对外汉语教师和学生提出了一些建议，因才疏学浅、对课堂及教材的认识不够全面，此建议还有待完善"和"因才疏学浅、对课堂及教材的认识不够全面，此建议还有待完善"这两句看似谦虚，实际上有点画蛇添足。

行文的准确性问题还表现在问卷题的设计、问题与选项关系表述不清楚、改换主语和共用主语及谓语方面，如：设计问卷调查题时，随意改变主语，有时用我，有时用你。有些同学误以为省略主语和谓语能使语言简练，如"学习生词时，我更喜欢老师在 PPT 上展示图片"，紧随其后的问卷题却直接写"漫画"，这种问题看似简洁，实际上易造成理解困难。因此，设计问卷调查题时最好每句用完整的句子。

3.5　结果描述的简单性

37 篇学位论文没有一篇深入分析研究结果，他们在描述研究发现时，分析论证不够深入，从而使他们的论文不具说服力。该问题与亓海峰（2015）的研究发现相同。

另一个问题是描述研究发现时语言表达形式单一，有些作者甚至滥用表格。有些同学只会用表格展示研究结果，不会使用其他图形，如柱状图、饼状图、曲线图等；又如：37 页论文，表格就有 39 个，有些表格占满一页，有些表格比文字占用空间多。多数文字只是简单描述结果，如"可以发现，学习汉语时间在两年以下的调查对象，对于应用汉语较多的常见话题，如日常生活、社会交往、个人信息、节日娱乐等更感兴趣；而学习汉语两年以上的调查对象，则对于文学艺术、热门话题、习俗禁忌、交通旅游等话题更感兴趣"。此段寥寥数笔总结了表格的内容，但没有深入分析存在这种差异的原因、与其他研究发现有何异同等，也不会与读者讨论研究发现。究其原因，可能是学生不知道如何深入分析挖掘研究发现，不知道应用比较法分析自己的研究发现与他人的研究发现，不知道分析产生这些异同的原因，不知道把数据归类，等等。这些问题表明论文写作课以及导师都有责任引导他们如何分析论证，使其论文具有说服力。另一个原因是他们没有投入足够的时间和精力完成硕士学位论文的写作任务。

4. 解决措施

针对汉语国际教育专业学位论文存在的标题的准确性、结构的完整性、格式的规范化、行文的准确性及结果描述的简单性问题，我们采取了如下相应措施。

4.1 增设课程辅助论文写作

为帮助学生更好地熟悉学位论文写作规范，帮助他们了解汉语教学研究方法，我们在2016年增加汉语国际教育专业论文写作课和汉语教学研究方法；我们在2017年增设汉语语法专题研究课程，旨在帮助他们了解汉语语法前沿研究课题及其研究方法。这些课程在一定程度上帮助他们确定了学位论文题目、选取了科学有效的研究方法，对其学位论文写作有很好的指导作用。

4.2 统一论文写作规范细则

为规范学位论文写作，我校研究生院组织学科专家制订了全校专业硕士学位论文指导性的论文写作规范，由于这些要求针对全校不同专业硕士学位，难免比较笼统，因此我们请任课教师撰写汉语国际教育专业硕士学位论文写作规范细则，将这些细则不仅发给导师，还在完成论文写作课程时发给学生，要求他们认真阅读，并在开题报告写作和学位论文写作时依照这些细则。

4.3 由学科组监管论文写作质量

为督促学生认真完成学位论文，我们分阶段检查他们的学位论文写作情况。我们首先在学生做开题报告时就严格按照学术规范要求检查他们，发现问题立即予以纠正。对于问题比较严重、没有达到基本要求的不予通过；开题报告后3个月又组织学位论文中期检查，对检查中发现的问题要求导师督促学生及时更改。2017年实施学位论文必须先通过校内专家盲评，盲评通过后再组织论文查重，只有盲评和查重通过后才允许送给校外专家盲审，允许参加预答辩；校外专家盲审通过后才能参加学位论文答辩。

上述三项措施在一定程度上督促了学生认真完成学位论文写作，保证学位论文的质量。除此之外，我们还在探索新的方法来促进论文写作质量的提升。

5. 结语

本研究分析了37篇汉语国际教育专业硕士学位论文，研究结果显示：专业硕士学位论文整体合格，论文的实践性和应用性较强，该发现与亓海峰（2015）的发现一致。但我们还发现这些论文存在一些问题，如论文标题的准确性、结构的完整性、格式的规范化、行文的准确性以及结果描述的简单性，这些问题可能也是多数学生在学位论文写作中存在的问题。尽管我们在发现问题的同时采取了相应的对策，我们仍应努力完善我们的学位管理体系及过程，不断探索有效措施来提高学习者的学位论文写作质量。

由于该研究样本小，研究发现不一定具有普适性，希望将来能有更多的定量研究帮助汉语国际教育专业硕士提高论文写作的质量。

第二节　理工专业来华留学生汉语补习的实践与探索

随着我国高等教育的国际化，理工专业的来华留学生人数逐年增加。高校对留学生实施"趋同化管理"，对理工专业的来华留学生（中文授课）进行汉语补习是非常必要的。汉语补习主要是针对理工专业的来华留学生（中文授课）群体而实施的汉语教学方式。学习者有固定的学习时限，有明确的学习目的，有既定的教学目标。本文针对理工科汉语补习生的特殊性、汉语补习的三个阶段、影响教学效果的因素进行探讨。要做好理工专业汉语补习，需充分认识到汉语补习时间紧、任务重的困难，切实在教学中体现速成、强化的特点。组建一支专业的高水平的专职教师队伍，将高中数理化相关基本内容作为专业基础知识，将语言教学和专业知识教学相结合，坚持普通汉语与科技汉语相结合的课程设置模式。课程设置要集中，课时量要够大，教学进度要够快，重视复习与巩固，重视教学评估；发挥学生的主观能动性，提高学生学习汉语的兴趣。

1. 引言

近年来，随着我国综合实力不断增强，国际地位不断提升，来华学习理工科的人数呈上升趋势。据教育部有关负责人介绍：近年来，越来越多的留学生来华攻读学历课程，学历生和研究生占比实现双增长。* 2018 年，来华留学的学历生总数 25.81 万人，占来华留学生总数的 52.44%，同比增长 6.86%；研究生人数达 8.5 万人，比 2017 年增长 12.28%。同时，留学生的专业结构不断优化，学习工科、管理、理科、艺术、农学的学生数量增长明显，同比增幅超过 20%。这显示出我国自然学科专业教育越来越具有吸引力。

2010 年教育部颁布的《留学中国计划》指出：高校应"积极推动来华留学人员与我国学生的管理和服务趋同化"。高校来华留学生管理和服务的趋同化主要表现在对来华留学生的培养计划、研究等方面以及他们和中国学生的一体化方面。在本科来华留学生的培养方面，从 2005 年开始，教育部指定几所高校对中国政府奖学金生进行预科教育；但针对非中国政府奖学金本科来华留学生及一些中文授课或者英文授课但有汉语需求的研究生，各高校根据具体情况自行探索、尝试不同的汉语补习模式。

2. 汉语补习生的特殊性

2.1 汉语补习时间紧、任务重

理工科大部分学校安排汉语补习时间为一学年，32 周，每周 24 节（一节课 45 分钟），一学年 768 节课，相当于 576 小时。这里边包括各种小测验、期中期末考试及学期中间的小长假，有效上课时间可能仅 500 小时左右。零起点的学生，通过仅 500 小时的学习来掌握一门语言，不仅能就广泛领域的话题顺利地与母语者进行交流，而且能用汉语学习专业，其

---

* 2018 年 196 个国家和地区的 49.22 万名留学生来华留学，参见 https://www.yidaiyilu.gov.cn/xwzx/gnxw/92742.htm。

难度是可想而知的。

2.2 教学的速成性与强化性

时间紧、任务重，要想完成培养任务，对汉语补习的学生不能采用普通语言生的教学方法，必须突出其速成性和强化性。在教学时间方面，除了每周24节的课堂学习以外，老师得抽出大量的课外时间给予学生各种辅导和答疑，充分利用课下时间。在语言点教学方面，老师应该遵循第二语言习得规律，不可一蹴而就；以学生为中心，循序渐进，做到充分的语言输入与输出；设置多样化的练习形式，借助多媒体等现代教育技术，尽量高效地提高学生的开口率。在思维习惯方面，一定引导学生进行汉语思维，只有这样才能提高学习效率。

3. 理工科汉语补习的三个阶段

汉语补习本质上与汉语预备教育一致。赵金铭（2016：19）指出："1966年以前，汉语预备教育实行三段制教学，前期多学日常生活、学习生活的东西，中期增加科学小品，再往后就给一些经过改写、适合于语言练习的数理化方面的文章，最后再完全使用数理化方面的原文。1973年之后，将原来的三段制教学改为两段制教学。普通汉语阶段占2/3，科学常识和有关专业的汉语教学的时间，维持在10周左右，约占1/3。"

教育部规定本科来华留学生在一年时间内能顺利通过HSK四级的政府奖学金学生方可在第二年进入自己所属大学进行专业学习。我们的汉语补习也执行这一规定，为实现这一目标，借鉴汉语预备教育的经验，我们将汉语补习大致分为三个阶段：解决日常生活问题阶段、准备HSK四级考试阶段和增加专业知识的学习阶段。

3.1 前期：解决基本的日常生活问题

刚到中国，学生一句汉语也不会说，一个汉字也不会写，因此当务之急是让学生了解汉语，能用汉语解决自己的衣、食、住、行等问题。

第一个学期主要学习普通汉语，读准汉语拼音，习惯方块汉字，掌握汉字的书写方式，学习日常生活所需的词汇和基本的句式及语法。能听懂如购物、介绍、问路等日常生活情景中的常用语；能就校园及其他与日常生活密切相关的场景进行交际；借助词典能读懂一般的记叙文，能理解作者的意思；能写300字左右的简单记叙文。

3.2 中期：准备 HSK 四级

中期是指第一个学期结束后的寒假和第二个学期前两个月。通过第一学期的强化学习，学生可以掌握800个左右的常用词，语言点有80项左右，为通过 HSK 四级打下了比较好的基础。寒假差不多有两个月，相当于半个学期，因此要充分利用寒假来准备 HSK 四级。老师让学生在假期能够熟练掌握生词的意思和用法，每周借助于网络给学生布置作业并检查完成情况，通过练习题来帮助他们巩固。第二学期的前两个月，除了学习普通汉语以外，每周安排2课时，为同学们梳理需要掌握的语法点，讲解应对四级考试的策略，课下安排辅导老师帮助同学们巩固练习以达到通过 HSK 四级的目的。

3.3 后期：加入专业知识的学习

张桂宾（2011：71）调查发现"即使是通过 HSK 六级的留学生，学习专业时会产生听力反应迟钝、阅读速度慢、专业内容用汉语表达得不够清楚，不能适应专业教师的方音、语速和板书，不理解专业课程的解题格式"。我们与学生访谈的结果与之吻合，究其原因主要是普通汉语学习阶段主要围绕日常生活话题进行，在专业学习阶段主要涉及数学、物理、计算机、机械、自动化等专业领域的词汇，理论性和概括性都非常强，而学生在入学院学习以前掌握的专业词汇有限，这严重影响了他们的听课效果，他们需在入学院学习的第一学期恶补专业知识，因此在汉语补习的后期（第二学期的后两个月）要兼顾普通汉语和专业汉语，加强专业词汇的学习，让学生提前了解专业词汇和常用格式；除此之外，还要锻炼学生阅读长句的能力。

4. 理工科汉语补习教学因素

翟汛、程乐乐（2012：10）指出："我国对外汉语教学界在十几年的教学实践中逐渐形成了一些独具特色的预科强化教学模式，其中具有代表性的有四种：分单元强化教学模式，相对强化教学模式，大输入教学模式及'分层教学'模式。"我们认为理工科汉语补习的教学模式应该既兼顾"学习"与"习得"，确保"输入大于输出"，又要加入科技汉语词汇和常用句式，学习一定量的数理化知识，以弥补其所在国数理化教学的不足。我们将影响教学效果的主要因素概括为：教师、学生、教学内容和教学方法四个方面。

4.1 教师

教师这个因素影响着语言的"输入"效果，这种效果不仅体现在汉语教学方面，而且体现在帮助学生适应陌生环境方面。

在普通汉语教学方面，由于时间紧、任务重、难度大，为了保证教学任务的顺利进行和圆满完成，首先应该选择责任心强、精力充沛、教学质量高、教学经验丰富的专职教师，这样便于老师之间互相沟通学生情况和教学内容，及时调整教学的重难点和教学进度。其次，应该要求任课老师定期集体备课，修订教案，完善课件，整理课后材料，这样便于打磨出一套精品课程，提高教学效果。

在专业汉语教学方面，首先应该考虑任课老师的学习背景，最好选择那些熟悉理工科基础知识的老师。其次应该提高老师对专业汉语的重视度，虽然教学计划的时间不长，但老师应充分利用好时间引导学生比较系统地掌握专业汉语知识。

在生活方面，老师要充当"妈妈"的角色。程书秋（2012）曾指出，做"妈妈式教师"，帮助学生攻克"文化关"。胡红洁、李有强（2013：136）提出留学生在华学习有两个障碍：一是语言问题；二是适应性问题。我们和学生一起布置一个温馨的教室，建立轻松愉快的学习环境；加强同学之间的沟通与交流，多组织一些班级活动，比如为同学庆祝生日、野餐、一起参加球类运动等，加强老师与学生及学生之间的合作与交流，使学生对彼此及老师产生信任，有什么困难能及时与老师或者同学沟通。老师能及时帮助学生解决各种困难，排除他们的心理焦虑，鼓励他们克服压力，不断进步。

4.2 学生

学生是语言输出的对象，我们坚持"以学生为中心"，学生是教学活动的核心，能否充分调动学生的积极性，使其发挥主观能动性将对教学效果产生直接影响。

加德纳（Gardner）认为，外语学习动机应包括四个方面：

目的、学习的努力程度、达到学习目的的愿望以及学习态度*。只有将这四个方面结合起来才能收到好的效果。我们通过观察，发现所有的汉语补习生都有明确的学习目的，他们或者把汉语作为工具，方便将来读专业或就业，或者为了多学一门语言，等等。他们为实现目标一开始都非常努力，每天学习时长可以达到8个小时以上，但是随着语言点难度的增加和汉字数量的增多，因为听写受挫或者不能准确运用语言点进行表达，有的学生学习态度逐渐发生改变，表现出畏难情绪，甚至烦躁不安。这时老师应该及时引导，引导他们掌握正确的学习方法，从思想上真正喜欢汉语，自觉在教室里用汉语交流，养成汉语思维习惯。

4.3　教学内容

汉语补习生除了学习日常生活所需汉语以外，还需要掌握专业基础知识的表达，包括专业词汇、长句式和篇章结构等，因此我们将教学内容分为两个方面：普通汉语和专业汉语。

在普通汉语方面，以学生为中心，遵循第二语言习得规律，针对语言点反复进行强化训练，夯实语言基础，全面强化听、说、读、写各项能力。第一学期开设基础汉语课、汉语口语课、听力训练课及汉语读写课；这个阶段要加强汉语发音练习，使学生准确掌握汉语的声、韵、调，能够发准音，很好地完成日常交际任务。第二学期开设基础汉语课、汉语口语课、听力训练课、HSK课及阅读课，这个阶段要加强长句的阅读和听力，提高学生快速从长句中提取关键信息的能力。

在专业汉语方面，老师应相对系统地教授学生用汉语表达

---

* 转引自郭辉：外语学习动机层次分析及其激发与保持［J］. 中北大学学报，2006（04）：86。

的高中数理化等专业基础知识，同时兼顾一定数量的专业词汇及术语，但考虑到汉语补习生的专业差异较大，老师尽量选择公修课程中的常用专业词汇进行讲解，同时加强锻炼学生断句能力和阅读长句的能力。在与学生访谈中了解到最困扰他们的是专业词汇，而专业词汇意义相对比较单一和固定，因此要充分发挥学生的主观能动性，提前将专业课程讲义中不认识的词汇整理归纳。如果通过学习者的母语或者媒介语可以明白的，就强化记忆；如果还有不明白的，我们每周安排两个下午，在高年级选取学习成绩好的同学来辅导他们。

4.4　教学方法

根据教学实情，我们发现教学过程中除了课堂上注重精讲精练外，还要注重语言知识的复现，要有大量的操练，不断强调知识点的运用。在教学的整个过程中我们还应该注意：

首先，制定合理的教学进度，稳扎稳打完成每个阶段的教学任务。语音阶段练好发音，对学生的发音应该严要求，不能任由学生"洋腔洋调"下去；在语法和短文阶段，要培养学生的语言应用能力，进行有针对性的训练，提高学生听力水平、口语表达水平和写作水平，为日后进入专业学习打好基础。

其次，牢固掌握所学的语言点并能在生活中活学活用，在教学中应重视提高学生的实践能力。老师讲授完课文以后，首先让学生能够熟练掌握课文内容，能够背诵原文或者用自己的语言复述课文内容；然后让学生能够用所学的生词和语言点自编对话或者进行成段表达；最后根据教学内容给学生布置任务，让学生到真实的语言环境中与中国人交流。比如学习完问路，可以给学生布置找某个目的地的作业；再比如，学过点餐，组织学生一起聚餐，让他们完成点餐任务等。通过这种形式的练习，让学生既可以巩固课堂所学内容，还能体会到完成交际任务的成就感。

再次，通过激发学生的学习兴趣，提高教学效果。正如杜威所说，兴趣是生长、发展中的能力的信号和象征，因此课堂上结合教学内容可以灵活加入一些游戏，调动学生学习的积极性，提高他们的开口率。比如，在学习词汇时，可以采用"你说我猜"的练习形式；学习汉字时，可以采用"汉字拼装"的形式，把汉字拆成不同部件并打乱，看谁拼得又快又对；学习语法时也可以加入一些游戏，比如学完方位以后，可以采用"寻宝游戏""盲人找路"等游戏形式锻炼学生的语言表达能力。不过由于汉语补习强度大，对加入的游戏应该把握好度，不可占用太多学习时间。

另外，应重视语言测试评估。语言测试与教学密切相关，语言测试的结果可以动态检测学生学习的成效，督促学生查漏补缺；同时也能反馈教学效果，老师及时调整教学方法。考试的形式应该包括每天综合课的听写测试、周考、月考、期中期末考和 HSK 考试等。

总的来说，关于理工专业来华留学生汉语补习，我们认为应充分认识到汉语补习生的特点，合理安排教学计划，重视影响教学效果的各个因素，采用恰当的教学方法，这样可以极大地提高学习效率，达到较好的汉语补习效果。尽管我们做了一些有益的探索，收到了一定的成效，但是还有很多需要解决的问题，比如：怎么编写一套系统的理工类专业知识的教材、专业汉语的度应该怎么把握，等等，这些都将是我们以后研究的努力方向。

第三节　尼日利亚大学生汉语后鼻尾韵母习得个案调查研究
——以 Afe Babalola 大学零起点学生为例

本节的研究选取尼日利亚 Afe Babalola 大学 8 名大一学生为研究对象，针对汉语后鼻尾韵母设计听辨测试和口语测试。测试结果分析表明，尼日利亚零起点汉语学习者在后鼻尾韵母发音中，性别差异表现较为明显；普遍存在韵头发音动程不完整、韵腹混淆、韵尾中的 g 单独清晰发音等问题。研究结论对在尼日利亚顺利开展汉语后鼻尾韵母教学会有一定帮助。

1. 引言

带鼻音韵母（又叫鼻音尾韵母）是汉语拼音韵母中很重要的一部分，又可以分为带舌尖鼻音"n"的前鼻尾韵母和带舌根鼻音"ng"的后鼻尾韵母（黄伯荣、廖序东 2002）。鼻韵母由元音音素和鼻辅音音素组成，在发音过程中，不管是元音还是鼻辅音，任意一个错误都必然会导致整个音节的错误。在汉语鼻韵母的学习过程中，学习者很容易产生前后鼻尾韵母混淆、后鼻尾韵母发音不准确的现象，在后鼻尾韵母的学习方面，"化石化"的现象尤为明显（牛彦秋，2014）。

后鼻尾韵母占普通话韵母总数的 8/39，普通话语音中含后鼻尾韵母的音节有 80 个，超过基本音节的三分之一（不考虑声调和轻声);现代汉语常用字 2 500 个中共有 427 个后鼻尾韵母构成的汉字,占常用汉字总数的近五分之一。基于后鼻尾韵母在普通话语音中的重要地位,以及对汉语学习者的重要交际作用,利用语音实验的研究方法研究不同国家汉语学习者后鼻尾韵母的习得表现,并与汉语母语者进行对比,可以更好地了解不同国别学习者在不同情况下的学习倾向。汉语教师也可以有针对性地进行教学,提高学生的学习效率。

近年来,汉语鼻韵母研究从普通话鼻韵母、方言鼻韵母的本体研究逐渐扩展到对外汉语教学领域。研究者不再局限于研究鼻韵母自身的结构和发音特点、前后鼻尾韵母的差异,而是更多地关注语言教学过程中,尤其是第二语言习得过程中鼻韵母的习得情况,分析发音对象鼻韵母的发音特点,以全面地了解学习者发音的全貌,并探索有效的教学途径。

和牧川(2014)依托在菲律宾十个月的汉语教学实践研究发现,菲律宾高校学生鼻韵母偏误率相对高于单韵母和复韵母的偏误率,并将此归结为母语负迁移作用。王琳(2014)、李明泽(2016)两位学者分别对蒙古、韩国学生的研究数据显示研究对象后鼻尾韵母的偏误率同样明显高于其他韵母的偏误率,并且都认为研究对象鼻韵母发音偏误受到母语负迁移作用的影响较大。与上述研究不同,张劲松、王祖燕(2017)二人根据鼻韵母三段划分——元音、鼻化元音及鼻韵尾,利用拼接合成语音样本的方法,合成出包含不同成分的语音样本来研究中日两类人群的鼻韵母知觉分辨特点。

国别化研究一直是汉语作为第二语言习得的语音教学中讨论的热点问题,历来得到学者和汉语教师的重视,汉语鼻韵母的第二语言教学研究对象由韵母第二语言教学研究集中的东南亚地区逐步扩展到西亚、美洲、欧洲等地区；研究者多采取语音测试录音的方法进行语料收集，同时结合语言对比分析，研究学习者鼻韵母方面的偏误表现及成因；研究内容也由汉语语音声韵调系统的偏误分析及教学建议逐步细化到鼻韵母的声学划分，描写语音样本的发音特点。但在目前已知的关于汉语鼻韵母的第二语言教学研究成果中并未发现与元音格局理论相关的研究，这对于从语音体系角度研究汉语鼻韵母第二语言习得较为不利。

石锋（2002）先生认为在语音研究方面格局的观念很重要，语音格局分析立足于语言学和音系学相结合。语音格局研究既可以用于研究声调，也可以用于分析元音，还可以用于辅音研究。其中，元音格局是元音系统性的表现，研究内容包括元音的定位特征、内部变体的表现和描写、整体的分布关系等（石锋，2002）。元音格局研究首先将元音进行层次的划分，划分依据是汉语音节的内部结构，即依据主要元音同韵母中其他成分的组合关系划分出不同的级别：出现在单韵母中的元音是一级元音（例如 a）；能够带韵头的元音是二级元音（例如 ia）；能够带韵尾的元音是三级元音（例如 ang）；既能够带韵头也能够带韵尾的是四级元音（例如 iang）。一个元音在同一语言中可以是一级、二级、三级和四级元音。同一元音在不同级别上表现出的相对关系和分布情况也不一样，显示出语言的结构层次。每一级别上的所有元音都形成相互联系又彼此区别的分布格局（石锋，2002）。

作为一种新的思路、方法语音格局研究，在当代语言研究中的语言变异及演化、语言接触、第二语言习得和儿童语言习得等方面的研究都有极高的应用价值。特别是在第二语言习得研究方面，运用元音格局的研究方法分析不同语言系统中相似、相混、相异元音的不同表现，能够为对外汉语教学提供实际材料和数据，也能为汉语作为第二语言习得的研究提供相应的理论基础（石锋、冉启斌、王萍，2010）。因此，本研究选取目前学术界研究较少涉及的尼日利亚地区汉语学习者作为研究对象，从元音格局的角度，通过听辨实验和口语实验的手段对尼日利亚学生的后鼻尾韵母习得情况进行初步了解，找出尼日利亚大学生在三级元音和四级元音的后鼻尾韵母方面存在的问题；将所有尼日利亚被试在实验过程中的表现进行对比分析，发现男女被试在测试结果中的差异，探求尼日利亚大学生后鼻尾韵母的发音特征，探求在教学过程中实施相对有效的教学策略。这对于汉语后鼻尾韵母的发音特征研究具有较强的理论意义，对于推进非洲地区汉语科学化教学更具有实践意义。

2. 实验设计和方法

本研究依据对比分析理论，设计了个案研究。文中首先通过对8名尼日利亚汉语学习者在听力测试和口语测试中后鼻尾韵母的不同表现，收集实验数据，并将实验数据与汉语母语者进行对比，进而分析得出相应的结论。

2.1 研究对象

在本文的语音实验中，被试由两部分人组成：笔者任教的尼日利亚当地大学的汉语学习者8人（男、女各4人）和汉语母语者4人（男、女各2人）。鉴于尼日利亚当地的多民族特性，汉语学习者的母语混杂，而笔者所任教的大学学生汉语水平全部处于零起点，学生人数众多，为符合统计学的要求，同时避免个人特质因素，所有的尼日利亚被试为从大一年级学生中随机选取。所有尼日利亚被试对象没有华裔或华人背景，发音器官正常，在接受被试前学习了三个月的汉语，均能够完成本实验的任务，并且愿意参与实验。汉语母语者对照组，两位女性发音者普通话水平为一级乙等，两位男性发音者普通话水平为二级甲等，并且都从事过或正在从事汉语国际教育工作。

实验中将尼日利亚被试编号为 NF1 ~ NF4，NM1 ~ NM4（女性发音者用 NF 表示，男性发音者用 NM 表示）；汉语母语者编号为 CF1、CF2（女性发音者），CM1、CM2（男性发音者）。详情如表 1 所示。

表 1　被试信息

被试类型	编号	性别	母语	年龄/岁	汉语水平	汉语作为
尼日利亚汉语学习者被试	NF1	女	Ika	17	零起点	第三外语
	NF2	女	Efik	17	零起点	第二外语
	NF3	女	英语	16	零起点	第一外语
	NF4	女	Igbo	17	零起点	第三外语
	NM1	男	英语	16	零起点	第一外语
	NM2	男	英语	17	零起点	第一外语
	NM3	男	英语	17	零起点	第一外语
	NM4	男	Yoruba	17	零起点	第三外语
汉语母语者被试	CF1	女	汉语	25	PSC 一级	母语
	CF2	女	汉语	24	PSC 一级	母语
	CM1	男	汉语	24	PSC 二级	母语
	CM2	男	汉语	26	PSC 二级	母语

2.2　测试字表的设计

由于尼日利亚被试者学习汉语时间仅三个月，汉语水平有限，为保证实验的顺利进行，听力测试的材料为《汉语拼音方案韵母表》中的八个后鼻尾韵母。根据元音格局理论将八个后鼻尾韵母分为两部分：第一部分为三级元音与鼻辅音 ng 的组合，共设置四道选择题；第二部分为四级元音与韵头和鼻辅音韵尾 ng 的组合，同样设置四道选择题。为了避免被试寻找测试答案的规律，每部分四道题目选项的排列顺序不变。

口语测试字表除了八个后鼻尾韵母外，从北京语言大学出版社（2014）出版的《HSK 标准教程》前三课（学生已经学习过的内容）中挑选出了所有带有后鼻尾韵母的音节，除去重复的音节，共计 16 个单音节后鼻尾韵母。

2.3 实验过程

本实验共分为两个部分：听力测试和口语测试。听力测试先于口语测试进行，作为先测，预测被试对汉语后鼻尾韵母的掌握情况；口语测试主要考察被试的认读及拼读能力。

听力测试选在相对安静的教室，所有尼日利亚被试进入教室，由施测者统一发放听力测试题目，被试拿到题目后有三到五分钟的时间自行查看测试题目，熟悉测试环境，同时保持教室安静。听力测试的发音人为一名女性汉语母语者，普通话水平二级甲等。发音过程中每个后鼻尾韵母按照一声读两遍，每两道题目之间停顿五秒钟，以给被试作答的时间。测试结束后由施测者统一回收试卷，并进行整理。

口语测试在听力测试之后实施，由于听力测试仅仅是对后鼻尾韵母自身的听辨能力测试，所以本实验借由口语测试对尼日利亚汉语学习者与汉语母语者后鼻尾韵母音节进行声学对比分析，以得到更加全面、客观的分析结果。口语测试同样选取相对安静的环境进行，尼日利亚被试相继进入录音教室，保证录音过程中只有施测者和被试两人。为减少焦虑等情感因素对测试结果的影响，每次被试进入录音教室后，施测者发放测试材料，并给每位被试五到八分钟时间准备，被试自行完成朗读练习，当被试朗读结束并觉得准备妥当后，开始进行录音。

由于实验过程中笔者身处尼日利亚，所以汉语母语者的口语测试由笔者通过网络把测试材料及要求发送给每位被试，被试自行进行录音。录音结束后将录音文件再传送给笔者。实验结束后，所有被试的录音文件由笔者统一命名、整理。命名格式为被试编号，利用FormatFactory3.8.0声音处理软件将录音文件格式统一转化为WAV格式的音频，存入计算机。所有录音文件的采样大小为16位，采样频率为44.1 kHz，位速是1 411.2 kb/s。

2.4 实验结果的分析方法

本实验采取多种分析方法综合运用，主要包括听辨分析法、语音实验法、统计分析法、对比分析法等，各种方法相互结合、相互辅助、互为补充，从而保证实验结果分析的有效性。

听力测试结果主要采用统计分析方法。测试结束后将收回的八份试卷统一整理，根据被试编号统计出测试结果，然后结合所涉及的元音格局理论中的三级元音和四级元音分析被试问题所在。口语测试同样运用统计分析的方法，根据测试字表中带有后鼻尾韵母的情况将被试的所有发音问题统计出来，然后同样分析在三级元音和四级元音方面的表现。

3. 实验结果

3.1 听力测试结果及分析

听力测试结束后，由施测者统一将所有试卷进行回收、整理。根据被试答题情况，将所有选项结果进行统计，并按照元音格局理论分析被试对后鼻尾韵母的听辨能力。根据学生的答卷情况，将测试结果分为 F（False）类错误答案和 T（Ture）类正确答案。F 类表示被试在听力测试中选择错误；T 类表示被试在听力测试中选择正确，结果统计如表 2 所示。

表 2　听力测试结果统计

项目	ang	eng	ing	ong	uang	iang	ueng	iong
NF1	F	F	T	F	T	T	T	F
NF2	T	F	F	F	F	T	F	F
NF3	T	F	T	T	T	T	T	T
NF4	F	F	T	F	T	T	F	F
NM1	T	T	F	T	T	T	T	F
NM2	F	F	T	T	T	T	T	T
NM3	F	F	T	T	T	T	T	T
NM4	T	T	T	T	F	T	F	F

通过表 2 可以清楚地看到每个后鼻尾韵母的错误情况。测试结果中一共出现 27 处错误选项，其中错误出现最多的是韵母 eng 和 iong，均出现 6 次问题，占到错误总数的 22% 左右，合计几乎占到错误总数的 44.5%；次之的是韵母 ang，有四名被试出现错误，占错误总数的 15%；ong、uang、ueng 这三个韵母分别出现 3 次错误，分别占错误总数 11%；韵母 ing 出现 2 次错误，占错误总数的 7.5%；而错误最少的是韵母 iang，出现 0 次错误。

3.1.1　三级元音听辨分析

根据石锋（2002）先生的《北京话的元音格局》一文，八个后鼻尾韵母中只有 ang、eng 这两个是由三级元音构成的。这两个后鼻尾韵母分别是三级元音/a/和/ə/+鼻韵尾/ŋ/组成/aŋ/、/əŋ/。在听力测试中它们分别是第二题和第四题的正确选项，但是根据上述统计结果，这两个由三级元音构成的后鼻尾韵母错误率要高于其他由三级元音组成的后鼻尾韵母。

排除字母字形因素对测试结果的影响，通过对所有错误选项进行分析，发现有三位被试将后鼻尾韵母ang错选为ong，一位男性被试错选为eng，其中出现错误的两位女性被试全部将后鼻尾韵母ang错选为ong。按照元音格局理论，ong是由韵头/u/+四级元音/ə/+鼻韵尾/ŋ/组成的，实际上国际音标应该是/uəŋ/，学术界有些学者受到汉语拼音的影响将之写作/uŋ/（石锋，2002），但在这个韵母中实际韵腹应该是四级元音/ə/；而韵母eng的韵腹是三级元音/ə/，在这两个后鼻尾韵母中韵腹分属不同的级别，但是实际韵腹发音的差异并不是很大。被试在后鼻尾韵母ang方面的问题表现主要是分不清三级元音/a/和/ə/及四级元音/ə/。

后鼻尾韵母eng的错误率比较高，被试中四名女性全部出现问题，其中有三位被试错选为ong，另外一名女性被试和两位男性被试错选为ang。虽然后鼻尾韵母eng和ong中韵腹都是/ə/，但由于分属不同的级别，四级元音/ə/前面加上韵头/u/后，实际发音受到韵头的影响，整个韵母的发音跟三级元音/ə/加上鼻韵尾/ŋ/的发音存在比较明显的差异，女性被试在分辨这两个不同级别的元音方面的表现不如男性被试。被试在后鼻尾韵母eng的问题上从另一方面同样表现为对三级元音/a/和/ə/的分辨能力不够。

3.1.2 四级元音听辨分析

在元音格局理论中，其余六个后鼻尾韵母都是由韵头+四级元音＋鼻韵尾/ŋ/构成。汉语拼音是为了书写方便明了而作了简略和改动，ing 和 ong 这两个韵母的实际发音应该分别是/iəŋ/和/uəŋ/（石锋，2002）。

听力测试统计结果显示，韵母 ing 出现两次错误，分别是男性被试 NM2 和女性被试 NF3，他们都误选为后鼻尾韵母 eng。被试在三级元音/ə/和四级元音/ə/区分方面存在问题。

韵母 ong 出现了三次错误，而且出现问题的都是女性，错选的选项都是后鼻尾韵母 ang。这实际上跟上述三级元音分析结果相一致，在分析韵母 ang 错误表现时，两名女性被试将之错选为 ong，而这两名被试同样在此出现了问题，说明在本次测试中，女性被试在分辨四级元音/ə/和三级元音/a/方面的能力没有男性强。

韵母 uang 和 ueng 同样也出现三次错误。根据测试结果显示，同样的三名被试分别在这两个后鼻尾韵母上出现错误，只是错选的选项不尽一致。NF2 和 NF4 将 uang 错选为 ueng，NM4 将之错选为 iang；NF4 和 NM4 将 ueng 错选为 iong，NF2 将之错选为 uang。可以看出，被试 NF2 在区分四级元音/a/和/ə/方面存在困难；NF4 在区分四级元音/a/和/ə/以及区分这两个四级元音前面的韵头方面都存在问题；NM4 的问题表现说明他难以区分加在四级元音前面的韵头。

在四级元音构成的韵母中，iang 出现零错误，说明所有被试在分辨韵头/i/＋四级元音/a/＋鼻韵尾/ŋ/方面表现比较好。与之相反的是，韵母 iong 出现了六次错误，错误集中的误选选项主要是 ueng 和 uang，其中前者被错选了四次，后者被错选了两次，女性被试全部出现问题。韵母 iong 是韵头/y/＋四级元音韵腹/ə/＋鼻韵尾/ŋ/组成的，被试较多地将之与/uəŋ/混为一谈。

3.2 口语测试结果及分析

通过反复听辨和分析口语测试字表的录音材料，笔者将被试的发音结果做了统计。在尽可能排除声母和声调发音问题的情况下，按照测试字表的排列将后鼻尾韵母发音出现的问题进行了分类及整理。

3.2.1 零声母后鼻尾韵母发音分析

被试首先按照测试字表一的要求朗读了八个后鼻尾韵母，同样以 F（False）类错误和 T（Ture）类正确答案来表示。具体发音情况如表 3 所示。

表 3　单个后鼻尾韵母发音统计结果

项目	ang	eng	ing	ong	uang	iang	ueng	iong
NF1	F	F	F	F	F	F	F	F
NF2	F	T	T	F	T	T	T	F
NF3	T	F	T	F	T	T	F	T
NF4	F	T	T	T	T	T	F	T
NM1	F	F	F	T	F	F	F	T
NM2	T	T	F	F	F	F	F	F
NM3	F	F	F	F	F	F	F	F
NM4	F	F	T	F	F	T	F	F

统计结果显示，64 个语料样本中共出现 41 处错误。四名女性被试一共出现 17 处，男性被试一共出现 24 处，本次口语测试中女性被试表现与男性被试相比有较明显的差异。

按照元音格局的分类，三级元音/a/与鼻辅音/ŋ/组成的韵母 ang 一共出现 6 次错误，三级元音/ə/与鼻辅音/ŋ/组成的韵母 eng 一共出现 5 次错误；四级元音/a/作韵腹的两个后鼻尾韵母分别出现 5 次错误，四级元音/ə/作韵腹的四个后鼻尾韵母中 ueng 出现的问题最多，出现 7 次错误；其次，ong 出现的错误也比较多，有 6 次；iong 和 ing 分别出现 4 次和 3 次错误。在石锋（2002）先生《北京话的元音格局》中，/uəŋ/包括零声母发音的 ueng 以及跟其他声母拼合时的发音 ong，所以实际上出现错误最多的两个后鼻尾韵母可以被看作同一个韵母的多次错误。

错误表现形式主要包括：前后鼻音混淆，例如将 ang 错读为 an；韵头发音不清晰，在韵母 iong 中，有的被试将韵头/y/读成/u/；韵腹混读现象也比较明显；另外，与吴小俊（2013）、吴萌萌（2014）的研究结果一致，大部分被试都会将鼻辅音韵尾 ng 中的 g 单独清晰地发出来。这些问题表现形式在本次口语测试的所有部分都存在。

3.2.2 单音节中后鼻尾韵母发音分析

单音节的后鼻尾韵母在《HSK1 标准教程》前三课出现的次数不多，测试中选取了 8 个没有重复的音节，涵盖 6 个后鼻尾韵母。同样 64 个语音样本中，一共出现 37 处错误。根据被试的性别来划分，女性被试一共出现 16 处错误，男性被试出现 21 处，女性被试的表现同样优于男性被试。错误表现主要是将鼻辅音韵尾 ng 中的 g 单独清晰地发出来。

在 64 个样本中，出现错误最多的是带有后鼻尾韵母 eng 的音节 néng，所有的被试都出现了问题，而在同样带有后鼻尾韵母 eng 的音节 héng 中却仅有三名被试出现错误。这说明后鼻尾韵母前面的声母会对其发音产生一定的影响。同样，由于音节中声母不同，错误次数也不同的情况在音节 xīng 和 líng 中也有所反映，后鼻尾韵母 ing 在前者中出现了 5 次错误，在后者中出现了 4 次错误。

出现相同错误次数的后鼻尾韵母 ong 和 uang 分别位于音

节 zhōng 和 chuáng 中，都出现 5 次错误。这两个音节中声母的发音部位都是舌尖后，发音方法中除了气流的强弱不一致以外，其他都一样；音节中的后鼻尾韵母韵腹部分存在较明显的差异，虽然同属四级元音，但是一个是四级元音/ə/，另一个是四级元音/a/。

4. 讨论

数据分析显示，男女被试在听力测试和口语测试中错误所占比率有较为明显的差异，男性被试在听力测试中的表现较好；女性被试在口语测试中的表现较好，性别差异在测试类型方面的结果倾向比较明显。同时，此种测试结果也表明，被试在汉语后鼻尾韵母的习得过程中听辨能力与口语发音能力不同步。

同时可以发现，在听力测试中的问题主要集中表现为两个三级元音/a/和/ə/、两个三级元音与两个四级元音以及四级元音/a/和/ə/分辨能力不够。在口语测试中的问题表现较多，出现将鼻辅音韵尾 ng 中的 g 单独清晰地发出、前后鼻音混淆以及韵腹混读现象。

另外，通过同一个后鼻尾韵母在不同声母后面的表现，发现声母的发音部位及发音方法的不同，会对后鼻尾韵母的发音造成一定的影响。在声母发音部位和发音方法大致相同的情况下，错误情况也趋向一致。

5. 结论与建议

后鼻尾韵母在汉语中有着不可替代的作用，而尼日利亚汉语学习者由于受到当地语言教育的影响，所以在汉语学习中本不应该是特别大难点的后鼻尾韵母成为他们学习汉语的严重障碍。尼日利亚汉语学习者后鼻尾韵母的习得方面存在的问题需要教师在后鼻尾韵母教学中结合尼日利亚学生特点，以兴趣为导向，同时充分、合理利用教学工具，灵活应对各种教学环境及教学状况，注重学生听辨能力和发音能力同步发展，以帮助其更好地掌握后鼻尾韵母。

第四节　汉英语言对比法在对外汉语成语教学中的应用
——以尼日利亚汉语成语教学为例

　　成语教学开始逐渐成为对外汉语词汇教学中不可忽视的一部分，也是其重要的组成部分。但是，成语的独特性不仅是外国汉语学习者学习的一大阻碍，也是对外汉语教师教学的一大难点。因此，本文对《新汉语水平考试大纲》（以下简称《新大纲》）、《汉语水平词汇与汉字等级大纲》（以下简称《等级大纲》）以及八套六级真题中的成语进行了量化研究，并借助问卷调查，对尼日利亚汉语学习者的成语习得情况进行了深入调查。在此基础上，本文运用汉英语言对比法的教学原理在尼日利亚两所孔子学院进行了汉语成语教学实验，借此分析和探索该方法在对外汉语成语教学中的可取之处。

1. 引言

　　随着中国经济和文化的不断发展，中国国际地位不断提高，很多国家在汉语教育方面不断加大力度，世界上学习汉语的人也随之越来越多。汉语学习开始成为一种新时尚、新潮流和新常态。因为汉语成语中蕴含着深厚的中国文化，是中国语言文字的瑰宝，所以汉语学习者通常都对成语有很浓厚的兴趣。但由于成语的来源及其历史背景的复杂性、句法功能的多样性等原因，学习者在成语的理解方面往往容易产生偏误,汉语成语的使用对汉语学习者来说是一大难点。因此,教师需要探索出适合的教学方法更有效地进行成语教学,使汉语学习者能充分理解掌握成语,激发汉语学习者对汉语以及中国文化的热情。

目前,有关对外汉语成语教学的研究主要集中在成语习得偏误、成语词典编纂和成语教学方法等方面。郭圣林(2011)基于 HSK 动态作文语料库提出外国学习者经常出现的成语偏误主要是语义偏误。时建(2008)比较全面地指出外国学生汉语成语的习得偏误从总体上可以分为形式偏误、语义偏误、句法偏误和语用偏误四种类型。杨玉玲(2011)从对外汉语教学角度分析了留学生成语使用的语法偏误和语义偏误形式及其成因,并在此基础上提出编写《留学生多功能成语词典》的必要性和基本设想。

汉语成语教学方法方面的研究较为广泛。夏俐萍(2010)从教师的角度出发,提出教师可以根据成语的不同形式、结构以及类型,灵活运用不同的教学方法进行教学。潘先军从学习者和成语本身两个角度探讨了中、高级阶段留学生成语教学的层次性(2006)。石慧敏(2007)和石琳(2013)从中、韩成语异同对照入手,提出中、高级阶段韩国留学生成语教学对策,论证了在实践中采用汉韩语言对比教学方法的可行性。钟舟海、肖静(2013)和李米米(2013)等则提出将汉英成语比较和汉语成语教学有机地结合起来,通过比较这一教学策略推动对外汉语成语教学。

虽然成语教学在各个领域的研究成果颇丰,但有关成语教学方法的可操作性问题,还有待进一步探讨和完善。基于此,本文将着力点放在探讨汉英语言对比法的可行性上,最大限度地利用英语对汉语学习的正迁移作用,力求让汉语学习者在了解成语本身意义的同时，注意并掌握汉语成语所具有的句法功能和语用功能。

2. 实验

2.1 实验准备

2.1.1 成语筛选

黄伯荣、廖序东（2011）指出："成语是一种沿袭使用，含义丰富，具有书面语色彩的固定短语。"汉语成语数量较多，内容丰富，实验很难涉及所有的成语。基于此，笔者统计并将《等级大纲》（2001）、《新大纲》（2009）以及八套HSK六级考试真题（2012）中出现的成语交叉合并去重后，得到问卷调查所需要的成语（文中所有成语的判断标准是在线新华词典）。

为了确保实验对象是第一次学习实验中出现的成语，笔者根据表1所得25个成语，设计了调查问卷，以此了解尼日利亚汉语学习者的成语掌握状况，排除实验对象已经学过或理解的成语，确定本实验所需成语。

表1 交叉所得成语

1	半途而废	6	得不偿失	11	兢兢业业	16	千方百计	21	无能为力
2	层出不穷	7	供不应求	12	举世闻名	17	实事求是	22	兴高采烈
3	川流不息	8	画蛇添足	13	聚精会神	18	滔滔不绝	23	循序渐进
4	从容不迫	9	家喻户晓	14	名副其实	19	讨价还价	24	一帆风顺
5	当务之急	10	精打细算	15	莫名其妙	20	无可奈何	25	众所周知

2.1.2 问卷调查

本次调查包括25个成语，均是表1中的成语，主要涉及个人信息和成语习得情况两个方面的调查。共发出问卷40份，收回有效问卷40份。调查对象定为尼日利亚拉各斯大学孔院五级水平汉语学习者。调查问卷统计分析结果如下。

1）调查对象母语背景情况

由表2可知，40位五级水平汉语学习者的母语背景主要有四类：英语、约鲁巴语、伊博语和豪萨语。其中母语为英语的有8位，约占总数的20%；母语为约鲁巴语的有22位，约占总数的55%；母语为伊博语的有9位，约占总数的22.5%；而母语为豪萨语的则有1位，仅仅约占总数的2.5%。

表2 母语背景情况表

母语背景	英语	约鲁巴语	伊博语	豪萨语	总计
人数/位	8	22	9	1	40
百分比/%	20	55	22.5	2.5	100

2）调查对象成语习得情况

由表3可知，笔者调查的40位五级水平汉语学习者没学过也不理解的成语包括：层出不穷、得不偿失、家喻户晓、精打细算、名副其实和循序渐进这六个。

表3 成语习得情况

汉语水平	汉语五级水平		
没学过也不理解的成语	层出不穷	精打细算	名副其实
	得不偿失	家喻户晓	循序渐进

2.2 实验对象

此次实验的对象是尼日利亚拉各斯大学孔院五级水平的汉

语学习者。这些实验对象的汉语基础普遍比较扎实,汉语水平基本处于同一水平。由于英语是尼日利亚的官方语言,所以即使有些实验对象的母语不是英语,他们也具备良好的英文沟通能力。在参与问卷调查的 40 位五级水平汉语学习者中,一些学生由于个人原因,没能参加此次成语教学实验。因此,笔者将参加教学实验的 34 位五级水平汉语学习者分为两组,记为第一组和第二组,每组 17 人。

2.3 实验内容

此次实验的主要内容是使用两种教学方法进行汉语成语教学,教学过程中使用的成语为问卷调查所得的六个成语。这六个成语被随机分为两组,A 组成语包括层出不穷、得不偿失、精打细算。B 组成语则包括家喻户晓、名副其实、循序渐进。

2.4 实验过程

2.4.1 分组教学

实验分为两次小实验。第一次实验中,教师会使用汉英语言对比法对第一组实验对象进行 A 组成语教学。教学过程:首先,汉语教师针对每个成语会给出 3 个中英对译的例句,让实验对象结合例句给出英文解释,并选出最佳翻译,作为优胜。如果他们的解释都不够准确,就再多加入一个例句。其次,教师总结,确保他们正确地理解了该成语的英文意义,最大限度地避免出现中介语的负迁移作用。然后,教师让实验对象尝试用汉语解释该成语。在这一过程中,教师会结合例句,引导实验对象了解该成语的句法功能。最后,造句练习,针对汉语学习者在造句过程中出现的偏误,教师给予及时的纠正。

接着,教师会使用常规法对第二组实验对象进行 A 组成语教学。这里的常规法是指在尼日利亚拉各斯大学孔院的汉语教师在进行成语教学时所采取的方式。通常在整个教学过程中，教师不使用英语作为辅助手段。每组实验对象的学习时间大约为 35 分钟，在两组汉语学习者都完成 A 组成语的学习后，休息 10 分钟，一同完成 A 组成语测试卷，测试时间大约为 35 分钟。

考虑到两组实验对象学习能力的差异以及教学时间先后对教学方法测试结果的影响，同一天，两组实验对象的教学方式互换，完成 B 组成语教学。教学结束后，两组一同进行并完成 B 组成语测试卷，此次为第二次实验测试。因此，完成该研究整个教学实验的时间大约为 210 分钟。

2.4.2 教学评估

为了考察实验对象对所学成语（A、B 两组成语）的掌握情况，笔者设计了 A 组成语测试卷和 B 组成语测试卷，主要考察汉语学习者们对成语形式、语义、语用以及句法功能的掌握情况。实验对象在每个部分的平均得分较高，说明汉英语言对比法的应用效果较好。

一般来说，成语的构成成分和结构关系都是固定不变的，不能随意更改、增减或拆分，所以学习成语时必须掌握成语的正确书写形式（张亚茹，2002）。因此，笔者设计该测试卷时也加入了一定量的对成语形式考查的比重，设计了一道客观题——选择正确的成语形式，总计 5 题，每题 1 分，总分 5 分。

为了检验实验对象对成语语义的掌握情况，笔者参考 HSK 六级真题题型，设计了一道客观题——选择适当的成语，随机排序，让学习者根据语义将对应的成语填写进所给的句子。在这类题型中，除了刚刚学过的成语，也有一些汉语学习者可能因为语义理解错误而出现失误的成语。该部分总计 5 题，每题 2 分，总分 10 分。

最后，除了对成语语用方面的测试，笔者还在测试卷中添加了对成语句法功能的考查。测试采用的方法是让汉语学习者用给出的成语造句，并指出该成语在句子中的句法功能，该部分为主观题，总计 5 题，每题 4 分，总分 20 分。

2.5 实验结果

2.5.1 统计学方法

为了确保测试结果的客观性，笔者使用 SPSS 22.0 将本次实验所得正态分布研究数据进行统计学处理。独立性 T 检验的使用原理是在进行数据分析与描述时，从两个相关影响因素中找出其中影响最大的因素，而与之相辅相成的计算是对所有的题目进行平均与显著性值的计算。因而，本文将使用独立样本 T 检验的方法来检验两组之间的成绩差异，当 $P<0.05$ 时表示两者的差异具有统计学意义。

2.5.2 结果

1）A 组成语测试结果比较

由表 4 可以看出，使用英汉语言对比法的第一组的第三题的成绩和总成绩均优于使用常规法的第二组（$P<0.05$）。因此，在尼日利亚地区汉语成语教学中汉英语言对比法的效果明显好于常规法的教学效果，尤其是在成语的语义、语用和句法功能方面。

表 4　A 组成语测试结果比较

组别（n = 人数）	第一题	第二题	第三题	总成绩
第一组（n = 17）	4.76 ± 0.970	8.82 ± 2.128	17.00 ± 2.031	30.59 ± 3.874
第二组（n = 17）	4.82 ± 0.393	7.41 ± 0.636	12.71 ± 4.870	24.94 ± 6.81
T	−0.232	1.723	3.355	2.973
P	0.819	0.095	0.003	0.05

2）B 组成语测试结果比较

出于对实验对象汉语水平和学习能力的考虑，本文将两组的教学方式调换，使用 B 组成语进行了第二次实验。从表 5 可以看出，采用汉英语言对比法的第二组的第三题成绩和总成绩均高于第一组（$P<0.05$）。实验结果再次表明在对外汉语成语教学中汉英语言对比法的效果优于常规法，尤其是在成语的语义、语用和句法功能方面。

表 5　B 组成语测试结果比较

组别（$n=$人数）	第一题	第二题	第三题	总成绩
第一组（$n=17$）	4.71 ± 0.588	5.76 ± 1.562	12.94 ± 3.864	23.41 ± 4.797
第二组（$n=17$）	4.88 ± 0.332	9.53 ± 1.328	16.76 ± 3.327	31.18 ± 3.746
T	-1.078	-7.569	-3.092	-.5.261
P	0.291	0.000	0.004	0.000

由此可以得出以下结论：在对外汉语成语教学中，汉英语言对比法具有一定的可行性。相较于常规法，汉英语言对比法有助于减少学习者的语义偏误和语用偏误，并且可以引导学习者借鉴学习英语谚语的成功经验，更好地理解汉语成语的文化内涵。

2.5.3　相关因素的影响

除了教学方法会对此次实验结果产生影响，评阅教师的主观因素、学习者的汉语水平和汉语学习者的母语背景都可能会对此次教学实验结果造成影响。

1）评阅教师主观因素的影响

为了评估评阅老师对第三部分测试结果的影响，笔者又请了另外两位汉语教师分别对两次测试的第三部分进行了批阅。

结果两组教师在对测试卷第三部分的评分上的差异无统计学意义（$P>0.05$），如表 6 和表 7 所示。

表 6　教师主观因素对 A 组成语测试结果的影响

教师（$n=$人数）	第三部分
C（$n=1$）	14.85±4.272
D（$n=1$）	14.53±4.514
T	0.304
P	0.762

表 7　教师主观因素对 B 组成语测试结果的影响

教师（$n=$人数）	第三部分
C（$n=1$）	14.85±4.046
E（$n=1$）	14.56±4.084
T	0.298
P	0.766

2）母语背景的影响

第一组实验对象中，母语为约鲁巴语的实验对象的成绩与母语为伊博语的成绩差异不显著（$P>0.05$）（表 8）。第二组实验对象中，母语为约鲁巴语的实验对象的成绩与母语为伊博语的成绩差异也不具有统计学意义（$P>0.05$）（表 9）。

表 8　第一组——不同母语的成绩比较

母语类别（$n=$人数）	第三部分
约鲁巴语（$n=10$）	30.10±4.408
伊博语（$n=6$）	31.00±2.683
T	-0.508
P	0.620

表9 第二组——不同母语的成绩比较

母语类别（n = 人数）	第三部分
约鲁巴语（n = 10）	30.30 ± 3.529
英语（n = 5）	31.60 ± 4.722
T	− 0.544
P	0.605

2.6 相关实验

在尼日利亚其他汉语教师的帮助下，笔者又进行了三次教学实验。这三次教学实验测试的结果与之前的实验测试结果基本相符，这说明汉英语言对比法的确有助于汉语学习者对汉语成语的语义、语用和句法功能的理解和掌握，也进一步证明汉英语言对比法对尼日利亚的汉语成语教学效果有着显著的影响，同时这也在一定程度上说明汉英语言对比法在对外汉语成语教学中具备一定的可行性。

3. 实验意义与启示

3.1 实验意义

从实验过程和结果可以看出，笔者此次将汉英语言对比法应用于尼日利亚汉语成语教学的实验对汉语成语教学、汉语学习者以及汉语教师都产生一定程度的影响。

3.1.1 调动学习主动性

在教学实验中发现，无论是学习者给出成语中英文解释的环节，还是学习者分析成语句法功能的环节，这些以学习者为主导的教学环节都能够充分地调动学习者学习成语的积极性，鼓励他们积极参与学习过程。总之，在将汉英语言对比法应用于成语教学的过程中,汉语学习者充分发挥了其主动性,利用自己的分析和归纳能力来辅助记忆,其理解力也会得到明显提高。

3.1.2 增强学习信心

增强汉语学习者在学习过程中的信心有助于学习者的语言学习。由于尼日利亚的官方语言是英语,所以当汉语学习者在使用自己擅长的英语来解释成语的英文意义时,他们就会展现出极度的自信,这为挫折感较强的汉语成语学习者提供了帮助。并且,当他们的英文解释被评为优胜时,其学习成语的信心会得到增强,这也在一定程度上减少了学习者的学习挫败感。

3.1.3 减少习得偏误

减少外国汉语学习者在汉语成语的理解偏误和使用偏误是本文提出成语教学新尝试的主要目的之一。汉英语言对比法在成语意思理解阶段,并没有采用拆分单字的方式进行解释。汉语学习者了解成语单字是在了解成语整体意思之后才进行的,汉语学习者对成语的使用也是在整体的状态下进行的。因而,汉语学习者并没有在学习过程中出现过度活用部分单字或者词语的情况。并且,汉语学习者通过英语作为中介语对汉语成语进行学习,也就有效地避免出现类似以母语语法习惯过度活用汉语成语的现象。

3.1.4 扩大研究视野

本文针对尼日利亚汉语学习者的调查以及实验扩充了该课题研究对象的范围,使得研究对于不同的地域、不同文化背景的汉语学习者都能进行,分析了以往调查所没有涉及的对象,为本领域的后续研究提供了新的思路。并且,研究发现在尼日利亚汉语成语教学中,汉英语言对比法的教学效果优于常规法。因而，笔者建议汉语教师在对尼日利亚汉语学习者进行成语教学时，可以优先选择使用汉英语言对比法。

3.2 实验启示

任何单一的具体教学法都不能完全适合各种情况的教学。针对尼日利亚汉语学习者在学习和使用成语过程中产生的偏误，基于教学实验、数据统计和实验结果分析，本文现就如何更好地发挥汉英语言对比法的优势，提出以下两点教学建议。

3.2.1 适用的教学对象

将汉英语言对比法应用于汉语成语教学对教学对象有一定的要求。本文研究的重点主要是汉语成语教学，而汉语水平大纲只有在五级或者六级才对掌握成语有一定的要求。虽然本文选取了部分四级水平汉语学习者作为实验对象，但是教学过程并不顺畅，实验对象在例句认读和理解上都存在一些问题，教学结果并不理想。根据学生的课堂反应和测试的答题情况可以判断，影响此次教学结果的主要因素是实验对象的汉语水平。因此，汉英语言对比法应用于汉语成语教学时，教学对象的汉语水平最好达到五级或者六级。

教学对象必须能够掌握英文，并具备一定的表达能力。在这次使用汉英语言对比法进行汉语成语教学的实验中，英语表达能力强的汉语学习者在使用成语造句部分的成绩相对较好。并且，从实验结果也可以看出，母语为英语的汉语学习者在造句上的平均成绩是高于母语为约鲁巴语或伊博语的。因此，学习者也应具备一定的英语基础。

学习者的群体氛围对汉英语言对比法的应用也有一定的影响。相对怯于表达的学习者较多的氛围，气氛活跃的班级，通常会获得更贴近成语本意的不同答案和贴切表述的成语解释。总而言之，汉英语言对比法在汉语成语中的教学适合有一定的汉语和英语水平，善于表达，思维较为活跃的汉语学习者。

3.2.2 适用的教学教师

将汉英语言对比法应用于对外汉语成语教学对汉语教师也有一定的要求。由于在使用该方法进行成语教学实验的过程中，教师需要理解学习者的英文表述，比较学习者给出的英文解释，判断指出并解释学习者的偏误，给予学习者正确的引导，这就对汉语教师的英语水平有了较高的要求。考虑到教师的英语水平可能会影响此教学方法的教学效果，笔者比较了两所孔子学院同一汉语水平的教学实验结果，发现教师英语水平较高的拉各斯大学孔院，实验对象的平均成绩是高于阿齐克韦大学孔院的。因此，教师的英语水平可能会影响汉英语言对比法的教学效果。虽然这一因素不是本研究的重点，但笔者建议使用汉英语言对比法进行成语教学的汉语教师最好具备一定的英语基础。

4. 结语

成语教学是对外汉语词汇教学体系中不可或缺的一部分，在整个对外汉语教学中占有重要地位。适当的成语教学方法对整个对外汉语教学有着积极的促进作用。本文从实际教学出发，对汉英语言对比法应用于汉语成语教学的可行性进行了初步研究。研究表明，汉英语言对比法在对外汉语成语教学中符合教学规律。学习者在这一教学过程中能够主动思考，深入了解成语含义，减少汉语成语理解和使用偏误，增强汉语成语教学的实际效果。汉英语言对比法的可行性在反复的成语实验教学中得到了验证,并且由此可以看到这一方法除汉语六级水平以外的其他适用范围,如汉语五级水平。但这一方法也有其适用对象的局限性,即学习者和教学者都需要熟练掌握英语作为中介语言,并具备一定的归纳总结能力。这一成语教学方法可以为对外汉语教学的其他方面提供参考。

然而,本研究还有一些不足之处,如在成语教学实验中,由于教学时间的限制,选取的成语数量有限,在以后的调查中可以考虑扩大成语数量,使研究结果更详细、更精确。再者,由于尼日利亚拉各斯大学孔院达到六级水平的汉语学习者不多,因此,没有选取六级水平的学习者作为实验对象。在以后的实验中可以将六级水平的汉语学习者作为实验对象,以扩大研究范围。最后,由于教学内容安排和教学时间的限制,缺乏对此方法后续影响的验证。

参考文献

[1]陈为春.论跨文化适应的主要影响因素——以近年赴泰教师的文化适应为例[J].科教文汇(下旬刊),2009(10):251.

[2]程乐乐,翟讯.论汉语预科强化教学模式[J].高等函授学报,2012(06).

[3]程书秋.非汉字文化圈学生大学预科汉语教育论析[J].继续教育研究,2012(05).

[4]程棠.关于当前对外汉语教学中的几个问题[J].语言教学与研究,1992(02).

[5]丁安琪.对汉语国际教育专业硕士学位论文评价体系的思考[J].汉语国际教育,2011(02).

[6]董明,桂弘.谈谈好教材的标准[J].语言文字应用,2005(S1).

[7]高耀,陈洪捷,沈文钦.专业硕士学位论文质量监测评估报告——基于Y市学位论文抽检结果的量化分析[J].复旦教育论坛,2017a(01).

[8]高耀,陈洪捷,沈文钦,李敏.学术型硕士学位论文质量的学科差异——基于X省学位论文抽检结果的量化分析[J].学位与研究生教育,2017b(02).

[9]郭圣林.基于"HSK动态作文语料库"的外国学生成语语义偏误初探[J].语言与翻译,2011(03):73-76.

[10]国家汉办.《汉语国际教育硕士专业学位论文撰写指导性意见(试行)》,2009.

[11]国家汉办.新汉语水平考试大纲[S].北京:商务印书

馆,2009.

[12]国家汉办.新汉语水平考试真题集 HSK(六级)[M].北京:商务印书馆,2012.

[13]国家汉语水平考试委员会办公室考试中心.汉语水平词汇与汉字等级大纲(修订本)[S].北京:经济科学出版社,2001.

[14]和牧川.菲律宾布拉卡大学零基础学生汉语语音习得偏误分析及对策[D].西安:西北大学,2014.

[15]胡红洁,李有强.高等学校来华留学生预科教育的回顾与反思[J].黑龙江高教研究,2013(04).

[16]黄伯荣,廖序东.现代汉语(上册)[M].北京:高等教育出版社,2002:58-67.

[17]黄伯荣,廖序东.现代汉语[M].北京:高等教育出版社,2011.

[18][美]霍尔.跨越文化障碍:交流的挑战[M].北京:北京广播学院出版社,2003.

[19]金晓艳,彭爽.朝鲜族学生汉语写作偏误分析[J].云南师范大学学报(对外汉语教学与研究版),2006(05).

[20]李米米.从汉英熟语差异对比中看对外汉语教学[J].吉林省教育学院学报,2013(03):73-74.

[21]李明泽.韩国高中生汉语语音偏误分析及教学策略[D].长沙:湖南大学,2016.

[22]李泉.论对外汉语教材的实用性[J].语言教学与研究,2007(03).

[23]李旭.南非高等教育语言政策管窥[J].西亚非洲,2006(02).

[24]刘海方.论阿非利卡民族的形成与南非种族主义的关系[J].西亚非洲,1999(06).

[25]刘俊振.论外派人员跨文化适应的内在系统构成与机制[J].广西民族大学学报(哲学社会科学版),2008(S1):63-66.

[26]刘珣.对外汉语教育学引论[M].北京:北京语言大学出版社,2000.

[27]吕必松.中国对外汉语教学法的发展[J].世界汉语教学,1989(04).

[28]吕必松.对外汉语教学概论[M].国家教委对外汉语教师资格审查委员会办公室,1992.

[29]吕俞辉,汝淑媛.对外汉语教师海外工作跨文化适应研究[J].云南师范大学学报,2012(10):57-62.

[30]马亚敏,李欣颖.国际化视野下的中小学汉语教材——谈《轻松学中文(青少年版)》编创理念[J].世界汉语教学学会通讯,2014(01).

[31]牛彦秋.墨西哥初级汉语学习者语音偏误分析[D].保定:河北大学,2014:36-39.

[32]潘先军.简论对外汉语教学中的成语问题[J].汉语文教学与研究,2007(01):54-57.

[33]亓海峰.汉语国际教育专业硕士学位论文选题和研究方法调查分析[J].云南师范大学学报(对外汉语教学与研究版),2015(01).

[34]齐放,张军.从对比修辞到跨文化修辞——对 Ulla Connor 跨文化对比修辞语篇教学与研究的评述和建构[J].中国外语教育,2018(01).

[35]全国汉语国际教育硕士专业学位教育指导委员会.汉语国际教育硕士专业学位研究生指导性培养方案[S].2009.

[36]盛双霞.论对外汉语教材的优化处理[J].语言文字应用2006(S2).

[37]石锋.北京话的元音格局[J].南开语言学刊,2002(00).

[38]石锋,廖荣蓉.语音丛稿[M].北京:北京语言大学出版社,1994:236-243.

[39]石锋,冉启斌,王萍.论语音格局[J].南开语言学刊,2010

(01).

[40]石慧敏.论四级和五级阶段韩国留学生的成语教学[J].云南师范大学学报,2007(04).

[41]石琳.针对韩国留学生的汉语成语习得及教学研究[J].北京化工大学学报,2008(02):80-84.

[42]时建.外国学生汉语成语习得偏误及其矫正策略[J].青岛大学师范学院学报,2008(03):105-109.

[43]束定芳,庄智象.现代外语教学——理论、实践与方法[M].上海:上海外语教育出版社,1996.

[44]王琳.蒙古国中学汉语初级学习者声韵调教学研究[D].长春:吉林大学,2014.

[45]王艳琳.浅谈对外汉语教学中教材的优化处理[J].文学教育(上),2012(09).

[46]魏红.试论对外汉语教材的评估与使用[J].荆楚理工学院学报,2009(01):82-88.

[47]吴萌萌.以英语为母语的欧美留学生初级阶段语音偏误分析[D].沈阳:辽宁大学,2014:11-13.

[48]吴小俊.土耳其留学生汉语语音习得偏误研究[D].西安:陕西师范大学,2013:18-21.

[49]夏俐萍.运用多种教学法进行对外汉语成语教学[J].山西广播电视大学学报,2010(03):48-49.

[50]许琳.国际汉语教学通用课程大纲[M].北京:北京语言大学出版社,2014:1-35.

[51]杨玉玲.留学生成语偏误及《留学生多功能成语词典》的编写[J].辞书研究,2011(01):101-109.

[52]张桂宾.理工专业来华留学生预科教育的实践与构想[J].高等教育管理,2011(09).

[53]张劲松,王祖燕.元音部分对中日被试汉语普通话鼻韵母知觉的影响[J].清华大学学报(自然科学版),2017.

[54]张乐平,温馨,陈小平.全日制专业硕士学位论文的形式与标准[J].学位与研究生教育,2014(05).

[55]张笑燕,宋茂强.全日制专业学位硕士研究生学位论文的过程管理与质量控制[J].研究生教育研究,2011(03).

[56]张亚茹.试论高级阶段的成语教学[J].语言文字应用,2006(01):119-125.

[57]张幼冬.汉语国际教育硕士中外学生学位论文现状调查与分析[J].学位与研究生教育,2017(08).

[58]赵金铭.对外汉语教材研究[M].北京:商务印书馆,2011.

[59]赵金铭.汉语预科教育再认识[J].国际汉语教学研究,2016(02).

[60]钟舟海,肖静.对外汉语教学中的熟语教学策略[J].现代语文,2013(05):155-157.

[61]周小兵.国际汉语教材四十年发展概述[J].国际汉语教育(中英文),2018(04).

[62]周秀慧.尼日利亚的农业转型与发展[J].国际经济合作,2007(11):63-67.

[63]周雪林.浅谈外语教材评估标准[J].外语界,1996(02):60-62.

[64] Agubamah, Edgar. 2014. Bilateral Relations: Periscoping Nigeria and China Relations [J]. *European Scientific Journal*, 10(14):63-70.

[65] Alexander, N. 2003. The African Renaissance and the Use of African Languages in Tertiary Education (PRAESA Occasional Papers No.13)[C]. Karen Press Printing: Salty Print.

[66] Baldauf, R. B. Jr.; Kaplan, R. B. 2004. Language Planning and Language Policy, Vol.1: Botswana, Malawi, Mozambique and South Africa [M]. New York: Multilingual Matters Ltd.

[67] Black, J. S.; Mendenhall, M., Oddou, G. 1991. Toward a Com-

prehensive Model of International Adjustment: an Integration of Multiple Theoretical Perspectives [J]. *Academy of Management Review*, 16 (2): 291 – 317.

[68] Davenport, T. H. 1991. South Africa—a Modern History (4th edition) [M]. London: Macmillan.

[69] du Toit, B. M. 1970. Afrikaners, Nationalists, and Apartheid [J]. *The Journal of Modern African Studies*, 8 (4): 531 – 549.

[70] Eschbach, D. M. ; Parker, G. E. ; Stoeberl, P. A. 2001. American Repatriate Employees' Retrospective Assessments of the Effects of Cross-cultural Training on Their Adaptation to International Assignments [J]. *International Journal of Human Resource Management*, 12 (2): 270 – 287.

[71] Fraurud, K. ; Hyltenstam, K. 2003. Multilingualism in Global and Local Perspectives [C]. Papers from the 8th Nordic Conference on Bilingualism.

[72] Fu Siyi and Evans, Richard. 2017. Manual for Confucius Institutes Local Directors [M]. Beijing: Confucius Institute Headquarters, Hanban.

[73] Giliomee, H. The Rise and Possible Demise of Afrikaans as a Public Language [EB/OL]. http://www. praesa. org. za/, 2014 – 10 – 28.

[74] Hartshorne, K. B. 1995. Language and Social History: Studies in South African Sociolinguistics [M]. Cape Town: David Philip.

[75] Lafon, M. 2009. The Impact of Language on Educational Access in South Africa [C]. Consortium for Research on Educational Access, Transitions and Equity, CREATE PATHWAYS TO ACCESS Research Monograph No. 24.

[76] Macdonald, C. A. ; Burroughs, E. 1991. Eager to Talk and Learn and Think: Bilingual Primary Education in South Africa [M]. Cape

Town:Maskew Miller Longman.

[77] Maduagwu,Chimdi. 2017. The Confucius Institute at University of Lagos:Director's Report. Unpublished Document of CI Unilag.

[78] Malherbe, E. G. 1977. Education in South Africa Ⅱ:1923 - 1975 [M]. Cape Town:Juta.

[79] Mesthrie, R. 1995. Language and Social History: Studies in South African Sociolinguistics [M]. Cape Town:David Philip.

[80] Orman,J. 2008. Language Policy and Nation-Building in Post-Apartheid South Africa[J]. *Springer Science + Business Media B. V.*

[81] Pyrah, G. B. 1955. Imperial Policy and South Africa,1902 - 1910 [M]. London:Oxford University Press.

[82] Redfield, R. ; Linton, R. ; Herskovits, M. J. 1936. Memorandum for the Study of Acculturation [J]. *American Anthropologist*,38.

[83] Robert, K. 1994. Dependency and Interdependency [M]. Durban:Orange Press.

[84] Sonntag, S. K. 2003. The Local Politics of Global English:Case Studies in Linguistic Globalization [M]. New York and Oxford:Lexington Books.

[85] Soudien, C. 2009. The Routledge International Companion to Multicultural Education [M]. London and New York:Routledge.

[86] Walters, P. 1996. English Around the World:Focus on South Africa [M]. Amsterdam/Philadelphia:Benjamins.

[87] Webb, V. 2002. English as a Second Language in South Africa's Tertiary Institutions: a Case Study at the University of Pretoria [J]. *World Englishes*,21(1):49 - 61.